崤函古韵

三门峡古代文明展

三门峡市博物馆 编

李书谦 田双印 主编

中原出版传媒集团
中原传媒股份公司
大象出版社
·郑州·

图书在版编目（CIP）数据

崤函古韵：三门峡古代文明展／李书谦，田双印主编．——
郑州：大象出版社，2021. 10
ISBN 978-7-5711-1199-1

Ⅰ．①崤…　Ⅱ．①李…②田…　Ⅲ．①文化史–三门峡
Ⅳ．①K296. 13

中国版本图书馆 CIP 数据核字（2021）第 187151 号

崤函古韵：三门峡古代文明展

李书谦　田双印　主编

出 版 人　汪林中
责任编辑　郑强胜
责任校对　安德华
装帧设计　王　敏

出版发行　**大象出版社**（郑州市郑东新区祥盛街 27 号　邮政编码 450016）
　　　　　发行科　0371-63863551　总编室　0371-65597936
网　　址　www.daxiang.cn
印　　刷　洛阳和众印刷有限公司
经　　销　各地新华书店经销
开　　本　890 mm×1240 mm　1/16
印　　张　21
字　　数　227 千字
版　　次　2021 年 10 月第 1 版　2021 年 10 月第 1 次印刷
定　　价　350.00 元
若发现印、装质量问题，影响阅读，请与承印厂联系调换。
印厂地址　洛阳市高新区丰华路三号
邮政编码　471003　　　　　电话　0379-64606268

以全新视角彰显地方历史文化的特色与个性

——"崤函古韵——三门峡古代文明展"观后感（代序）

○张得水

  "崤函古韵——三门峡古代文明展"作为三门峡市博物馆基本陈列改造提升项目，经过近两年的精心打造，已以鲜明的主题、丰富的文化内涵、多样化的陈展形式向社会公众开放。开放以来，得到社会各界的积极评价，产生了广泛的社会影响，并获得河南省文物局颁发的 2019 年度河南省优秀陈列奖。

  三门峡市博物馆此次对基本陈列的空间进行改造，展览面积由原来的 900 平方米增加到 1200 平方米，展线长度由原来的 220 米增加到 325 米（主展线 283 米、辅助展线 42 米）。即便如此，在目前博物馆新馆建设如潮、展厅面积不断扩大、硬件设施迭代更新的大背景下，显得太微不足道了。而且，展览经费也只有 300 多万元。然而，三门峡市博物馆正是利用这有限的空间和展览经费，因陋就简，因地制宜，打造了一个特色鲜明、观后印象至深的展览。

  展览之所以获得成功，首先是其有一个准确的陈展定位，有着明确的主题。主题是陈列的灵魂和核心。作为一个地市级的综合性、史志性博物馆，如何通过基本陈列展现一个地区、一座城市的历史文化面貌，勾勒出具有区域特点的文化发展脉络，突出文化个性，这既是地志性博物馆存在与发展的客观要求，同时也是满足观众参观需求的重要途径。三门峡市域东依崤陵之险，西据桃林之塞，北临滔滔黄河，南有巍巍秦岭，高亢平坦的陕塬横亘于大河雄山之间，孕育繁衍了勤劳、勇敢、智慧的先民们。在中原文化、秦文化及晋文化的长期影响和不断交融下，形成了特色鲜明的地域文化。展览以"崤函古韵"为主题，以三门峡地区出土文物为基础，以历史发展脉络为主线，结合文献资料、考古实物资料、三门峡历史典故和历史人物，通过系列展品展示三门峡历史文化，透过地域文化元素折射出各个历史时期的社会状况，全面系统地展现了三门峡的历史文明。可以说一个展览就是一部三门峡历史发展史的缩影，一个展览尽现崤函独特的文化魅力和人文精神。

有了明确的主题和定位，接下来就是对材料的取舍和把控。三门峡市是1957年伴随着万里黄河第一坝——三门峡大坝的兴建而崛起的一座新兴城市，然而这座新城却是扎根在丰厚的文化土壤和悠久的文化根基之上的。得天独厚的自然地理环境和区位优势，传承数千年的文明基因，滋润了这座新兴而古老的城市。因此，历史的积淀，留下了无比丰厚的文物遗产。如何在这些浩若云海的文物史迹中理清线索，为社会公众提供一个可观可赏的展览，使观众既不被纷繁复杂的历史烟云所困扰，同时又能找到观赏的角度和兴趣点，这是策展人在总揽全局的过程中所要重点解决的问题。"崤函古韵——三门峡古代文明展"一改以往简单的文物陈列和通史陈列形式，重点在于从文物中发现故事，让文物说话，从文物中见精神，既对地方历史进行整体的解读，又从中体现出鲜明的地方特点，彰显三门峡地区独特的文化个性。因此，在展览的设计中，一方面遵循区域历史文化发展的脉络，构成讲故事的时间线和逻辑线，同时又在华夏文明进程的大背景中凸显区域文化的特色和亮点，做到点面结合，但又不追求面面俱到。如在展示汉代三门峡历史发展方面，展览中不是大量汉代文物的堆砌，而是紧紧抓住汉代弘农郡的设置、弘农杨氏的兴起等，在中国历史文化大背景中寻找三门峡历史文化的个性，展示弘农杨氏家族墓群——灵宝张湾汉墓的部分随葬品，弘农郡境内的冶铁作坊，带有"弘农"字样的瓦当、封泥，带有"陕市""陕亭"字样的文物，汉代时期的货币，密县打虎亭汉墓墓主弘农太守张德的《车马出行图》《宴饮百戏图》，等等，既有展现区域文化的历史文物，又有生活在这个时代的族群、名人，观后印象深刻，很容易产生共鸣。

基本陈列由人文初启、古国觅踪、崤函风雨、名州郡望、襟带两京、陕虢遗风六个部分组成。六个部分，就是三门峡历史发展的六个时间节点，通过这六个节点，能够系统地刻画地方的整体形象。三门峡，古为陕地，相传大禹治水时，凿龙门，开砥柱，在黄河中游这一段形成了"人门""鬼门""神门"三道峡谷，三门峡即由此得名。闻名遐迩的"中流砥柱"黄河奇观，成为三门峡人文精神的重要象征。这里处于黄土高原边缘，襟黄河而塞崤函，依中原比邻秦晋，自古有"两京锁钥"之称。早在旧石器时代，秦岭与中条山之间良好的植被、适宜的环境和气候，便孕育出了早期的古人类。在黄河及其支流两岸，考古发现有近20处旧石器文化遗址。在人类的童年，先民依河而居，从附近的河滩上捡取砾石并就地打制石器，以渔猎和采集为生，留下了丰富的文化遗存。进入新时器时代，从距今8000年至4000年，三门峡地区经历了前仰韶文化、仰韶文化和龙山文化时期，古文化遗址密集分布于河流两岸和河谷阶地，文化内涵丰富，文化谱系清晰，文化序列一脉相承。尤其值得一提的是，位于渑池县的仰韶村，是仰韶文化的命名地，成为一个时代的标志，也是中国近代考古学诞生的标志。位于今三门峡市西南的庙底沟遗址，是仰韶文化庙底沟类型的发现地，它的发现，揭开了中原地区乃至早期中国文化圈从仰韶文化庙底沟类型、庙底沟二期文化、龙山文化以及夏商文化连续发展的历史面貌；以灵宝铸鼎塬为代表的金字塔式的聚落分布，以环壕、河流围合的严实的防御系统，由中心广场、超大房子组成的公共活动场所，以及公共墓地内随葬品的差异化，彰显王权的玉钺的出现，尤其是以双瓣式花瓣纹为代表的庙底沟彩陶，犹如一面鲜明的旗帜勾画出文化意义上早期中国的雏形，彰显仰韶时代强烈的文化色彩，掀起了史前中国的第一次艺术浪潮。庙底沟，成为华夏文化第一次大融合的中心。夏商时期，三门峡属古豫州地，是夏商王朝控制西部地区的桥头堡和向西扩展的跳板。先周和周朝初期，这里又是周人东进的战略要地。周武王伐纣灭商后，神农之后受封的焦国，成为三门峡最早的封国。周召分陕，甘棠遗爱，成为千古佳话。西周末年，原位于陕西宝鸡一带的重要的姬姓封国虢国迁移而来，灭焦国，建都上阳城。其疆域东起渑池，西至灵宝，南抵卢氏，北到平陆。虢国军力强盛，屡次参与周王室的重大政治、军事行动。虢都上阳城、虢国贵族墓地的系列发掘考古成果，再现了虢国"勋在王室，藏于盟府"的辉煌。公元前 655 年，虢国被晋国所灭，留下了"假虞灭虢""唇亡齿寒"的千古遗训。崤山高山绝谷，峻坂迂回，形势险要，自古以险峻闻名，是陕西关中至河南中原的天然屏障。因此，春秋战国至秦时期，分布于三门峡地区的险关要塞又成为各国交战、会盟的战略要地，如春秋时期的秦晋崤之战，战国时期五国合纵攻秦的函谷关之战、秦赵渑池会盟等，均发生在这里。大型秦人墓地的发现，再现了秦人不断东扩并最终统一六国波澜壮阔的历史画卷。灵宝境内的函谷雄关，素有"车不方轨，马不并辔"之说。传说老子西行，在函谷关留下了著名的《老子》五千言，因此，函谷关也成了道家后学们心中的圣地。汉武帝时期弘农设郡，这里经济、文化发达，是帝国的富庶之地，同时也是杨氏的重要发祥地，有"天下杨氏出弘农，弘农杨氏遍天下"之美誉，如杨震、杨修等成为一代名人。北魏孝文帝以来，废郡置州，古老的陕州故城承载并延续着千年的崤函文脉。尤为重要的是，汉唐以来，作为"两京锁钥"之地，三门峡地区在沟通洛阳、长安二京上起着至关重要的地位。由陕地至洛阳翻越崤山的南北二崤道以及黄河漕运，成为事关国家经济命脉、扼控两京水陆二运的交通枢纽，承东启西，转输东西，"江、淮水陆之运，皆经陕州而后至长安"（《资治通鉴》卷二三一，贞元元年六月）。黄河、秦岭、崤山、中条山等山河的拥戴，成就了秦晋豫三省黄河金三角的独特区位，古关、古道、古渡口连接三省，自古以来便形成了山水相联的文化金三角，具有深厚的地缘文化渊源。

如此众多的地域特色文化，是三门峡的魅力所在，也是展览中策展人重点梳理的对象。策展人抓住了三门峡历史上最为精彩的文化现象，最为关键的时间节点，并以此为划分展览"部分"和"单元"的依据，既突出了重点，又使整个展览逻辑清晰明了。

一次展览的提升，同时又表现为研究成果的集中展示。"崤函古韵"基本陈列除强调其知识性、趣味性之外，还更加注重最新研究成果的运用，注重多学科、多领域、交叉式的研究，使研究成果能够为博物馆展览提供多角度构建的依据，使展览建立在科学的研究成果之上。比如展览中对三门峡关键历史节点的把控，对文物展品的取舍，是建立在充分研究基础之上的，这样才能准确选择地方历史文化发展的典型性视角，从而使观众窥一斑而知全豹。在三门峡"两京锁钥"地位的解读上，策展人吸收了历史、地理、考古、文献等各方面最新的研究成果，将崤函古道、黄河漕运等立体化呈现。展览中不仅展示了与之相关的文物，而且利用照片、图表、模型、视频等多种手段展示二京之间的古道、关隘、古栈道、渡口、运河、古粮仓、古驿路、行宫别苑等等。尤其是二京之间古道的研究与展示，凸显三门峡地理位置的重要性。古道分为函谷段和崤山段。其中函谷段从潼关至陕州，经桃林塞，过稠桑原，出函谷关，渡弘农涧河，经灵宝老城抵陕州；崤山段自陕州故城向东，至新安汉函谷关。崤山段又分成南北两道，崤山北道由陕州故城向东，沿青龙涧河，过交口、硖石，再沿涧河河谷，经渑池、新安东行，出汉函谷关至洛阳；崤山南道从陕州城出发沿青龙涧河东南行，过交口后，溯雁翎关河，越崤山，穿雁翎关，沿永昌河东南行，再循洛河谷地达宜阳，东行至洛阳。可以想象，千百年来在这道远且阻的狭长古道上，有不计其数的先民奔波于途，是他们将洛阳、长安两个丝绸之路的东方起点紧密地连接起来，创造了辉煌的都城文明。展览也正是通过这些人地关系的研究，通过对特殊文化现象和特殊群体的研究，使我们能够深刻感悟三门峡历史变迁的动因。

除对展览内容的认真梳理、展览脚本的细致打磨外，在陈列形式上也进行了精心的设计。升级改造后的基本陈列，实现了多样化展示。除传统展示手段外，还利用了场景墙、实景油画、影视播放、多媒体互动等辅助手段。观众还可以通过馆内设置的多媒体设备，以触摸的形式查询展品信息，了解历史遗迹，感受文化魅力。在形式设计和艺术制作上打破传统文物陈列模式，避免教科书式的单纯文物排列，以新手段、新思路，使展览融科学性、艺术性、知识性、趣味性、娱乐性为一体，达到新颖、活泼、雅俗共赏，满足观众多样化的精神需求。由于受到空间限制，展览中没有设置大体量的场景复原展示，如全景画、半景画、幻影成像等，而是因形就势地设计了"函谷雄关"造型墙和"虢君出征""秦晋崤之战"实景油画场景，其巧妙的构思、新颖的表现方式和艺术张力，使陈展内容同样鲜活。其中，"函谷雄关"造型墙的设计前后经过 10 余次修改，最终以汉代函谷关门画像砖拓片为蓝本，将"函谷雄关"的文化元素融入其中，形成了极具视觉冲击的造型墙，最大限度地再现了历史上真实的函谷关景象。

此外，利用辅助展线的有限空间，以破题的方式将"茶人茶事"和"弘农陶泓"两个专题巧妙展现，从而使观众了解唐宋时期人们的饮茶习俗，以及弘农砚瓦在中国砚文化发展史上的重要地位。"茶人茶事"展区，将与茶有关的文物和《唐人文会图》、南宋《撵茶图》相结合，形象生动地介绍了古人饮茶习俗。"弘农陶泓"展区则展示了以"东汉盘龙石砚、唐代虢州紫石砚、唐代澄泥龟砚"等为代表的 27 方砚瓦，辅以不同历史时期与砚有关的壁画和书画展板，向观众直观展现出不同时期砚瓦的形制，反映出弘农砚瓦的辉煌历史。

提升改造后的"崤函古韵"基本陈列，展出总文物数量有 690 余件套，其中有 200 余件套国家级珍贵文物为首次推出，有些还是近年新发现、新认识的文物，如元"长安脾地寄寄老人"款陶器、春秋时期的空首布币窖藏等。当然，由于展览经费有限，展厅的硬件设备诸如展柜、展具、灯光等很少使用一线品牌，地板属于旧物利用，也没有酷炫的声光电，但总体上显得自然和谐，氛围的营造恰到好处，反而能使观众静下心来，徜徉其中，去细细品味、感悟。"崤函古韵"基本陈列的经验告诉我们，在陈展空间和经费有限的情况下，只要用心做，坚持以人民为中心的工作导向，依然能做出一个受观众喜欢的展览。

2021.8.16

目录 | CONTENTS

前　言

　　三门峡，古为陕地，因禹劈三门而得名。襟黄河而塞崤函，依中原比邻秦晋，自古有"两京锁钥"之称。这里处于黄土高原东南边缘，环境独特，为华夏文明的摇篮和繁衍生息的沃土。旧石器时代，人们依水而居，遗迹遗物尚存。新石器时代，仰韶文化成为华夏文明源头的新高地。周封神农后裔于焦，虢迁都上阳。秦属三川，汉置弘农。北魏置陕，开府至清。陕地先民生于斯，长于斯，耕耘于斯，延续了中华文明的根脉，创造了特色鲜明的地域文化，铸就了永不磨灭的辉煌篇章。星罗棋布的古迹遗存，琳琅满目的文物，可歌可泣的人物故事，展现的是三门峡历史文化的不朽篇章。

Preface

Sanmenxia, named of Shaan in ancient times, derives its name (literally meaning "the Gorge of Three Gateways") from the legend that Yu the Great carved out three gateways in the mountains to allow water to flow through them. Located beside the Yellow River and between the Xiao Mountains and the Hangu Pass, Sanmenxia sits against the Central Plains and borders the provinces of Shaanxi and Shanxi. Due to its strategic position on the routes to Chang'an and Luoyang in history, it was known as "the key to the two capitals". This naturally-endowed place on the southeastern edge of the Loess Plateau is the cradle of the Chinese civilization which has thrived continuously over the past millennia. The sites and relics from the Paleolithic Age told us that residents back then lived by the water. The Yangshao Culture of the Neolithic Age was a new source of the Chinese civilization. The Zhou court granted descendants of Shennong (God of Agriculture) with territory of Jiao. The State of Guo moved its capital to Shangyang (part of present-day Sanmenxia). Sanmenxia belonged to Sanchuan Prefecture in the Qin Dynasty and was then governed by Hongnong Prefecture in the Han Dynasty. From the Northern Wei onwards, the place had been the seat of Shaan Prefecture until the Qing Dynasty. Ancient people of Shaanxi lived in this place for generations and passed down the Chinese civilization. They created here a distinct local culture and made it a marvelous one throughout history. An array of historical sites and remains, brilliant museum collections, and the touching stories of historic figures present the glorious history and culture of Sanmenxia.

三门峡历史沿革

旧石器时代	已有人类活动足迹。
新石器时代	出现了仰韶村、庙底沟、北阳平等原始聚落。
前21世纪至前13世纪	夏商王朝统治的中心区域。
西周时期	焦国、虢国先后在此建都。
春秋时期	晋献公假虞灭虢，归晋。韩、赵、魏三家分晋后，属魏。
战国时期	秦惠公十年（前390年），在陕置县。此后，秦、魏交替控制。秦惠文王后十一年（前314年），纳入秦国疆域。秦庄襄王元年（前249年），秦置三川郡，陕属之。
两汉魏晋时期	西汉高帝二年（前205年），改三川郡为河南郡，陕属之。武帝元鼎三年（前114年），置弘农郡，辖11县。东汉光武帝建武七年（31年），复称弘农郡，辖9县。曹魏、西晋建制依旧。
十六国、北朝时期	先后为前赵、前秦、东晋、后秦、大夏等政权占据。北魏孝文帝太和十一年（487年），废郡置陕州。
隋代	隋开皇三年（583年），陕州辖陕、崤等5县。
唐代	唐武德元年（618年），置陕州总管府，辖陕、鼎、熊、谷、函、嵩等州。贞观元年（627年），属河南道，辖陕、崤、桃林、芮城、河北5县。元和三年（808年），辖陕、硖县、灵宝、芮城、平陆、夏6县。
五代时期	辖陕、硖石、灵宝、夏、芮城、平陆6县。
北宋	辖陕、灵宝、阌乡、湖城、芮城、平陆、夏7县。
金代	辖陕、灵宝、湖城、阌乡4县。
元代	属河南行省河南府路，辖陕、灵宝、阌乡、渑池4县。
明代	属河南府，撤陕县入陕州，辖阌乡、灵宝、卢氏。
清初	属河南府。雍正二年（1724年），升为陕州直隶州，归河陕汝道管辖，并为该道治所。雍正十二年（1734年），辖陕县、灵宝、阌乡、卢氏。

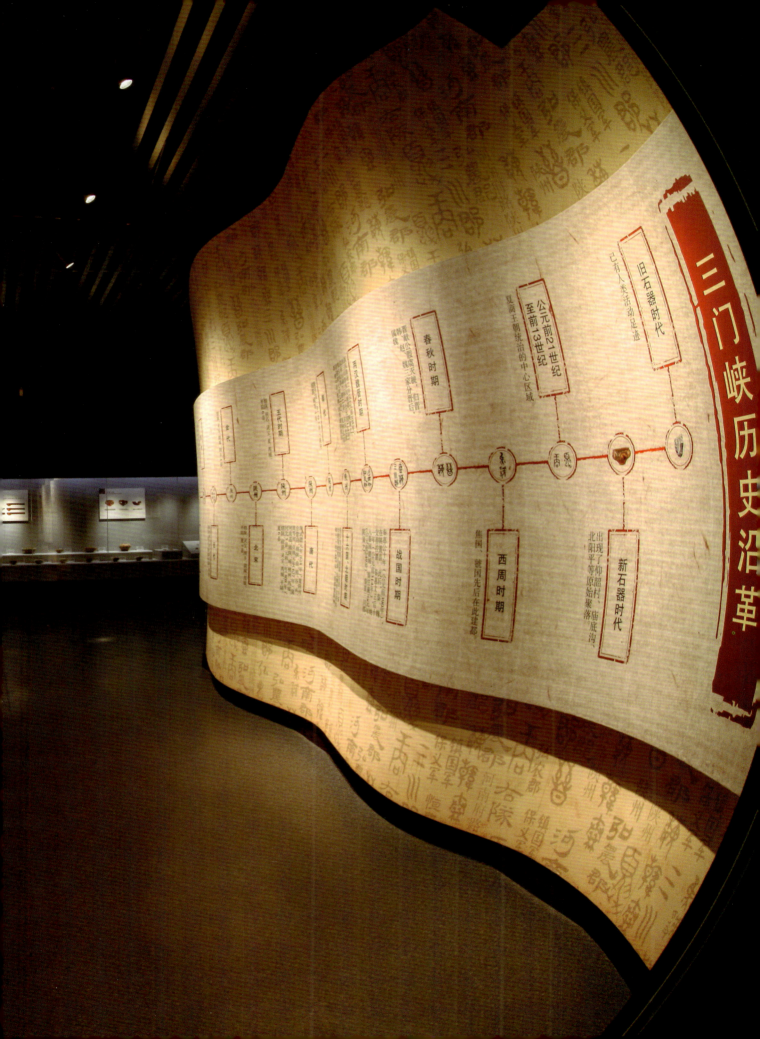

三门峡历史沿革

旧石器时代
已有人类活动足迹

新石器时代
出现了仰韶村、庙底沟、北阳平等原始聚落

公元前21世纪至前13世纪
夏商王朝统治的中心区域

西周时期
焦国、虢国先后在此建都

春秋时期
晋献公假虞灭虢，后韩、赵、魏三家分晋后，属魏

战国时期

唐代

北宋

金代

五代时期

三门峡市文物遗迹分布图

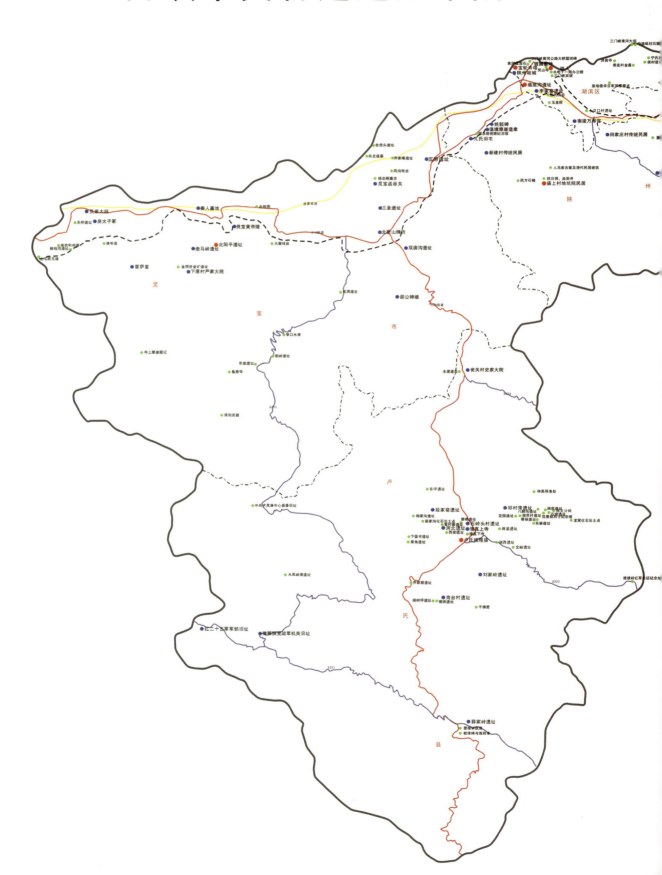

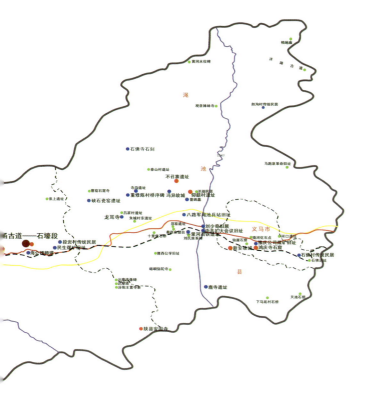

第一部分
人文初启——史前时期

Dawn of Civilization
——the Prehistoric Times

第二单元

文明先声
新石器时代

早在人类出现以前，三门峡地区就有许多古生物存在。在人猿揖别后的漫长岁月里，远古先民创造了令人骄傲的史前文明。仰韶村，仰韶文化的发现地和命名地；庙底沟，见证了仰韶文化向河南龙山文化过渡的文明历程；北阳平，相继发现了仰韶时期大型聚落遗址群，初步奠定了华夏文明摇篮的核心地位。这里，已成为人们寻古探秘、文明探源的重要地区。

Long before the appearance of human beings on earth, Sanmenxia had been home to many ancient animals and fossil plants. In the long years after human evolved from the ape, our ancient ancestors created marvelous prehistoric civilization here. Yangshao Village is the place where the Yangshao Culture was discovered and after which the culture was named. Miaodigou bore witness to the transformation from the Yangshao Culture to the Longshan Culture of Henan. Beiyangping, which has the large settlement sites of the Yangshao Culture, further confirms the core position of the area as the cradle of the Chinese civilization. All these make Sanmenxia an important place to trace and explore ancient cultures of China.

第一单元
人猿揖别——旧石器时代

远古洪荒时期，黄河流域气候温暖湿润，许多古生物得以在此生存。沧海桑田，斗转星移，距今300万年—1万年前，人类依水而居，使用打制石器，以渔猎和采集为生。三门峡地区发现的上村岭会兴沟、水磨沟等近20处遗址，涵盖了旧石器时代中晚期文化。

渑池上河曙猿

渑池上河曙猿化石遗址，位于河南省渑池县南村乡任村上河组，是世界最早的具有高等灵长类哺乳动物特征的曙猿化石遗址，属始新世晚期（距今约4500万年）。任村上河动物群把类人猿出现的时间向前推进了1000万年。

倪喜军复原的上河曙猿图

上河遗址出土的距今约4500万年的哺乳动物化石

打制石器

旧石器时代，是以使用打制石器为标志的人类物质文化发展阶段。从距今约300万年前开始，延续到距今1万多年前。

20世纪60年代，在三门峡市会兴镇发现大量旧石器，其中部分石器为典型的阿舍利石器。据中国科学院地球环境研究所研究，三门峡会兴沟遗址出土的阿舍利石器年代为距今约90万年前，是东亚中纬度地区早更新世晚期的阿舍利文化代表。

阿舍利石器文化是旧石器文化的一个阶段，距今约170万年至20万年，因最早发现于法国亚眠市郊的圣阿舍尔而得名。它的一个集中体现，就是左右对称的石器，多类型组合，例如：手斧、手镐、薄刃斧、砍砸器、大型石刀等。

三门峡市会兴镇旧石器中典型的阿舍利石器

（出自《第四纪科学评论》，Li X W et al.,2017.Early Pleistocene occurrence of Acheulian technology in North China.*Quaternary Science Reviews*,156:12-22）

刮削器

旧石器时代（距今300万—1万年）

三门峡市区出土

① 通长10.5厘米、通宽6厘米、通高2厘米

② 通长7.5厘米、通宽5.3厘米、通高1.3厘米

③ 通长9.5厘米、通宽4.8厘米、通高1.9厘米

砍砸器

旧石器时代（距今300万—1万年）

三门峡市卢氏县出土

① 通长15厘米、通宽14厘米、通高6.5厘米

② 通长18厘米、通宽16厘米、通高8.3厘米

砍砸器

旧石器时代（距今300万—1万年）

三门峡市区出土

① 通长17厘米、通宽11.5厘米、通高4.5厘米

② 通长11.5厘米、通宽8厘米、通高5.5厘米

尖状石器（左）

旧石器时代（距今300万—1万年）

三门峡卢氏县出土

通长13厘米、通宽10.5厘米、通高3.9厘米

石铲（右）

旧石器时代（距今300万—1万年）

三门峡卢氏县出土

通长13.1厘米、通宽8.9厘米、通高2.3厘米

石核（上）

旧石器时代（距今300万—1万年）

三门峡卢氏县出土

通长12厘米、通宽11厘米、通高6厘米

鸵鸟蛋化石（下）

约50万年前

三门峡市区出土

通长17.5厘米、直径14厘米

第二单元
文明先声——新石器时代

距今10000年至4000年的新时器时代，三门峡地区经历了前仰韶文化、仰韶文化和龙山文化时期，古文化遗址密集分布于河流两岸和河谷地带，文化内涵丰富，文化谱系清晰，文化序列一脉相承。黄帝的传说、文献的记载以及灵宝北阳平遗址群系列重大考古成果，让文明之光在这里熠熠生辉。

前仰韶文化

距今8000—6800年间，三门峡地区的远古先民已经开始磨制石器，建造房屋，过着以农耕为主的定居生活。灵宝荆山，渑池班村、鹿寺、任村、陵上，卢氏薛家岭、祁村湾等地均发现有同期的遗存。

渑池班村遗址涵盖前仰韶文化、仰韶文化和庙底沟二期文化，面积约1万平方米。1991年由中国历史博物馆等单位进行了多学科考古发掘。

班村遗址全景

仰韶文化

瑞典地质学家安特生于1921年在河南渑池仰韶村发现了仰韶文化，距今6800—4800年。主要分布在以秦晋豫为核心的黄河中游地区，人们以农业生产、家畜饲养、狩猎和捕鱼为生。三门峡地区以仰韶村、庙底沟和北阳平遗址群最具代表性。

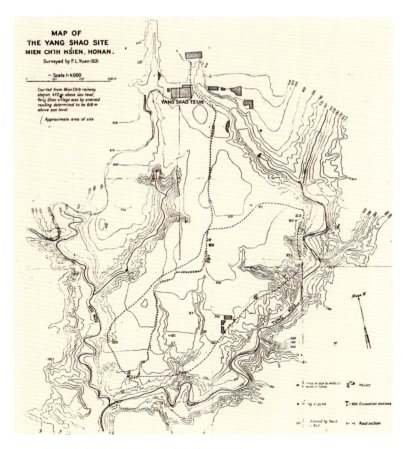

1921年袁复礼绘制的仰韶村遗址地形图

月牙纹彩陶罐

仰韶文化（距今6800—4800年）

三门峡渑池仰韶村遗址出土

通高11.5厘米、口径14.2厘米、底径7.5厘米、腹径

15.1厘米

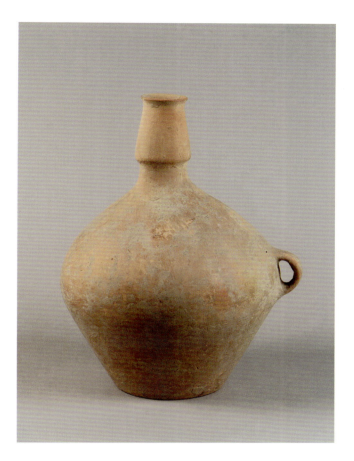 

单耳红陶瓶（左）

仰韶文化（距今6800—4800年）

三门峡卢氏县出土

通高32.3厘米、口径4.8厘米、底径11.6厘米、

腹径23.5厘米

双耳红陶瓶（右）

仰韶文化（距今6800—4800年）

三门峡卢氏县出土

通高30.7厘米、口径3.5厘米、腹径12.8厘米、

底径8厘米

红陶碗（上）

仰韶文化（距今6800—4800年）

三门峡渑池县出土

通高7.9厘米、口径18.4厘米、底径6.8厘米

红陶葫芦瓶（下）

仰韶文化（距今6800—4800年）

三门峡渑池县出土

通高22.9厘米、口径2.9厘米、腹径14.8厘米、

底径9.1厘米

石铲（上）

仰韶文化（距今6800—4800年）

三门峡市区出土

通长24.7厘米、通宽13.8厘米、

通高1厘米

石铲（下）

仰韶文化（距今6800—4800年）

三门峡市朱家沟遗址出土

通长17.5厘米、通宽16.9厘米、

通高1.1厘米

玉钺

仰韶文化（距今6800—4800年）

三门峡市区出土

通长17厘米、通宽9.1厘米、通高1.2厘米

石斧

仰韶文化（距今6800—4800年）

三门峡市区出土

① 通长14厘米、通宽6.2厘米、通高4.1厘米

② 通长15厘米、通宽6.5厘米、通高4.3厘米

③ 通长9厘米、通宽4厘米、通高2.7厘米

④ 通长20.8厘米、通宽5.5厘米、通高4.9厘米

⑤ 通长14.5厘米、通宽7厘米、通高3.3厘米

⑥ 通长13.6厘米、通宽4.9厘米、通高4.3厘米

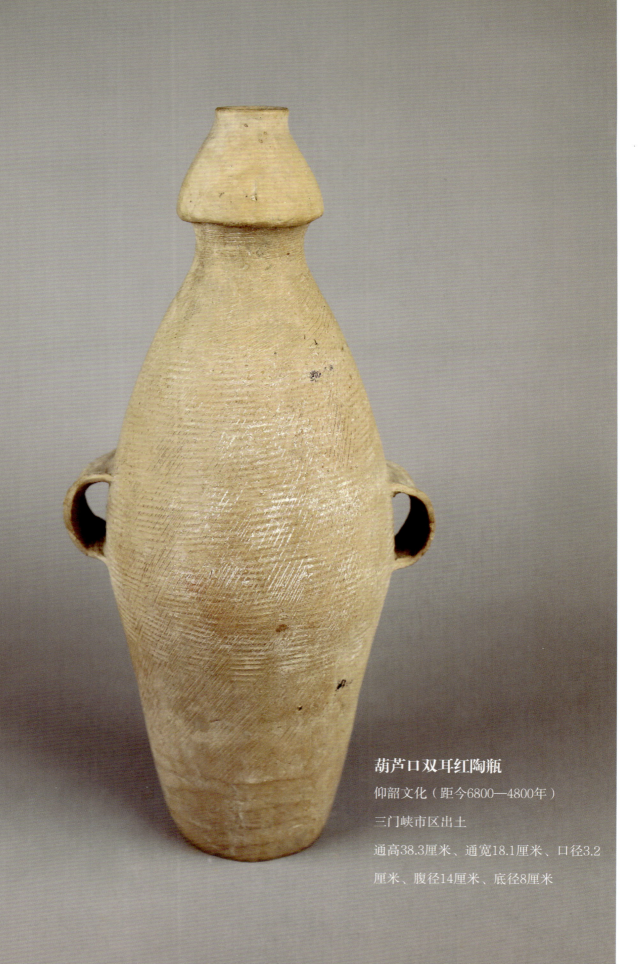

葫芦口双耳红陶瓶

仰韶文化（距今6800—4800年）

三门峡市区出土

通高38.3厘米、通宽18.1厘米、口径3.2
厘米、腹径14厘米、底径8厘米

红陶钵

仰韶文化（距今6800—4800年）

三门峡市区出土

通高9.5厘米、口径19.5厘米、底径6.8厘米

红陶盆

仰韶文化（距今6800—4800年）

三门峡市区出土

通高13厘米、口径27.5厘米、底径15.5厘米

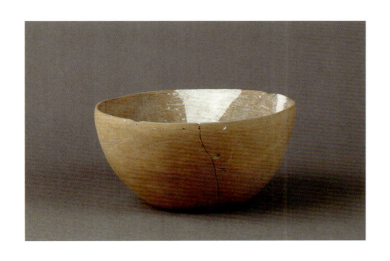

红陶碗

仰韶文化（距今6800—4800年）

三门峡市区出土

通高8厘米、口径16.5厘米、底径9厘米

庙底沟类型房基

庙底沟遗址

庙底沟遗址发现于1953年，总面积36.2万平方米，距今6000—4000年。先后经过两次大规模发掘，发现了仰韶文化遗存（仰韶文化庙底沟类型）和仰韶文化向龙山文化过渡时期的遗存（庙底沟二期文化），解决了仰韶文化与龙山文化的源流关系。

庙底沟仰韶文化301号房子复原图

庙底沟仰韶文化301号房子复原半剖面图

庙底沟文化

　　它以豫西、晋南、关中为中心区域，辐射到豫东、甘肃东部、湖北北部及内蒙古一带，并对马家窑文化、大汶口文化、大溪文化、屈家岭文化等都有不同程度的影响。庙底沟，成为华夏文化第一次大融合的中心。

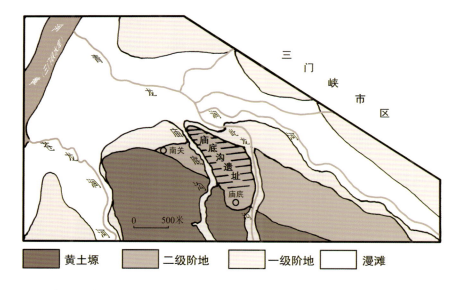

| 黄土塬 | 二级阶地 | 一级阶地 | 漫滩 |

三门峡市庙底沟遗址环境考古图

庙底沟遗址第二次发掘现场航拍图

华夏之花

　　庙底沟遗址出土的彩陶数量最多，以红底黑彩居多，白底彩陶较少。纹饰多施于陶器的口、腹部，主要由圆点、钩叶、弧线三角和曲线等组成连续的带状花纹，植物花瓣纹是其典型代表。

庙底沟遗址出土的彩陶纹饰

网格纹彩陶钵

仰韶文化（距今6800—4800年）

三门峡市区出土

通高7.7厘米 、口径13.1厘米、底径5厘米

弧线圆点纹彩陶钵

仰韶文化（距今6800—4800年）

三门峡市区出土

① 通高7.6厘米、口径20厘米、底径7.5厘米

② 通高8厘米、口径15.3厘米、底径5.5厘米

③ 通高7.5厘米、口径14.5厘米、底径5厘米

弧线圆点纹彩陶钵

仰韶文化（距今6800—4800年）

三门峡市区出土

通高10.4厘米、口径25.9厘米、底径10厘米

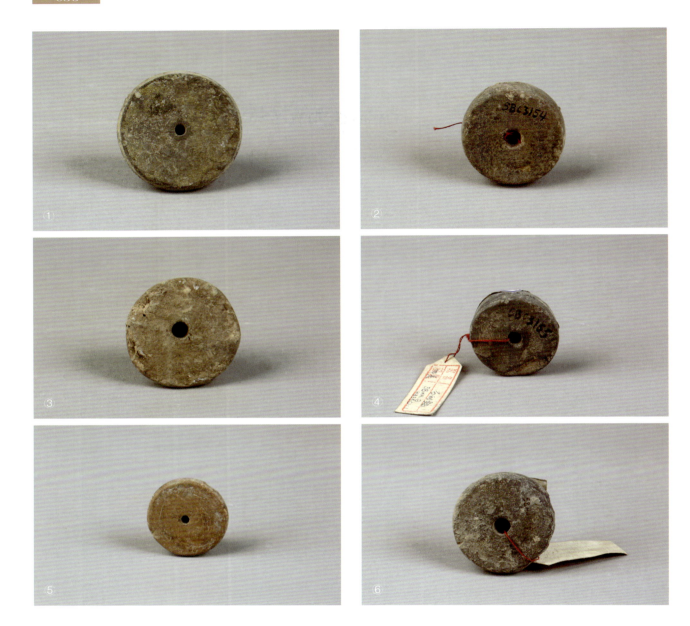

陶纺轮

仰韶文化（距今6800—4800年）

三门峡市区出土

① 直径5厘米、厚1.4厘米

② 直径4.8厘米、厚1.3厘米

③ 直径3.2厘米、厚0.4厘米

④ 直径3.9厘米、厚1.4厘米

⑤ 直径3.5厘米、厚1.4厘米

⑥ 直径4厘米、厚1.3厘米

北阳平遗址

北阳平遗址位于灵宝市阳平镇北阳平村西500米处，总面积4.36平方公里。发现仰韶时期墓葬、房基，以及大量仰韶文化和龙山文化的陶片、石器、骨器等。其中以庙底沟类型为主，具有仰韶文化中晚期特征，是探索中华文明起源的重要地区。

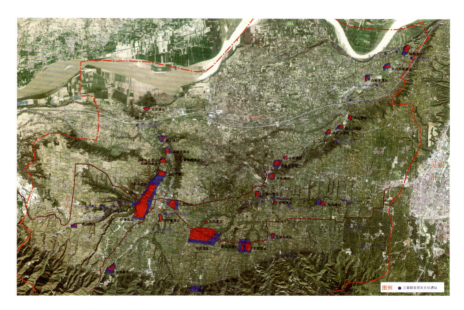

北阳平遗址群遗址分布图（图片由灵宝市文物保护管理所提供）

北阳平遗址发掘现场（图片由灵宝市文物保护管理所提供）

玉铲

仰韶文化（距今6800—4800年）

三门峡灵宝市出土

① 通长21.6厘米、通宽9厘米、厚2.2厘米

② 通长18.2厘米、通宽6.8厘米、厚2厘米、孔径1厘米

③ 通长16.8厘米、通宽6.6厘米、厚1.2厘米、孔径1.2厘米

红陶钵

仰韶文化（距今6800—4800年）

三门峡灵宝市出土

通高11厘米、口径22.2厘米、残底径9.8厘米、

腹径36厘米

彩陶盆

仰韶文化（距今6800—4800年）

三门峡灵宝市出土

通高17.5厘米、口径37.7厘米、底径11.1厘米

西坡遗址

西坡遗址是一处仰韶时期庙底沟类型的大型文化遗址，面积达40万平方米，发现有特大房址、壕沟、墓地等文化遗迹。其中F105号房基，占地面积516平方米，是迄今国内发现的同时期最大的一座房屋建筑遗址。

西坡遗址F105房址

西坡遗址F105房址复原图

龙山文化

河南龙山文化距今4800—4000年。三门峡地区龙山文化遗址以庙底沟二期文化和三里桥遗址最具代表性。当时已步入父系氏族社会，出现私有财产，农业生产工具有了改进，粮食生产有了较多的剩余，陶酒器明显增多。

三里桥龙山文化4号窑址（出自黄河水库
考古工作队《1957年河南陕县发掘简报》，
《考古通讯》1958年第11期）

庙底沟龙山文化夹砂粗灰陶罐、盆（出
自黄河水库考古工作队《1957年河南陕县发掘
简报》，《考古通讯》1958年第11期）

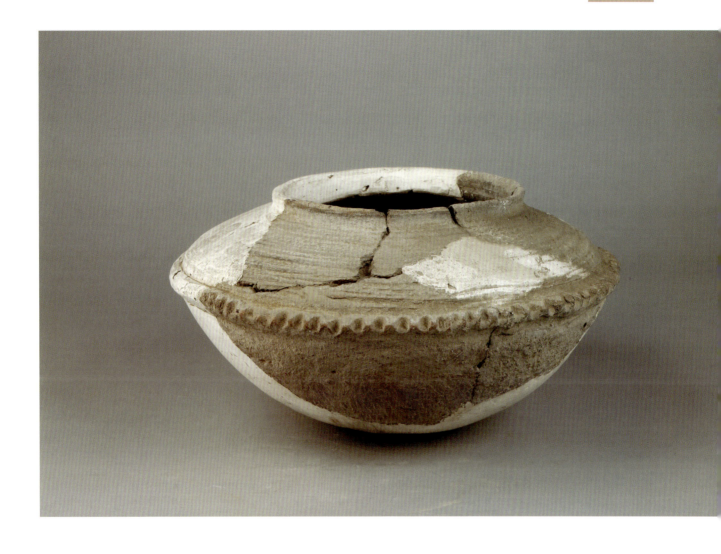

灰陶釜

龙山文化（距今4800—4000年）

三门峡市区出土

通高14.8厘米、口径14.6厘米

红陶鬶

龙山文化（距今4800—4000年）

三门峡卢氏县出土

通高24.2厘米、口径9.6×6.5厘米、足距15厘米、

錾宽4.8厘米、流口径2.6厘米

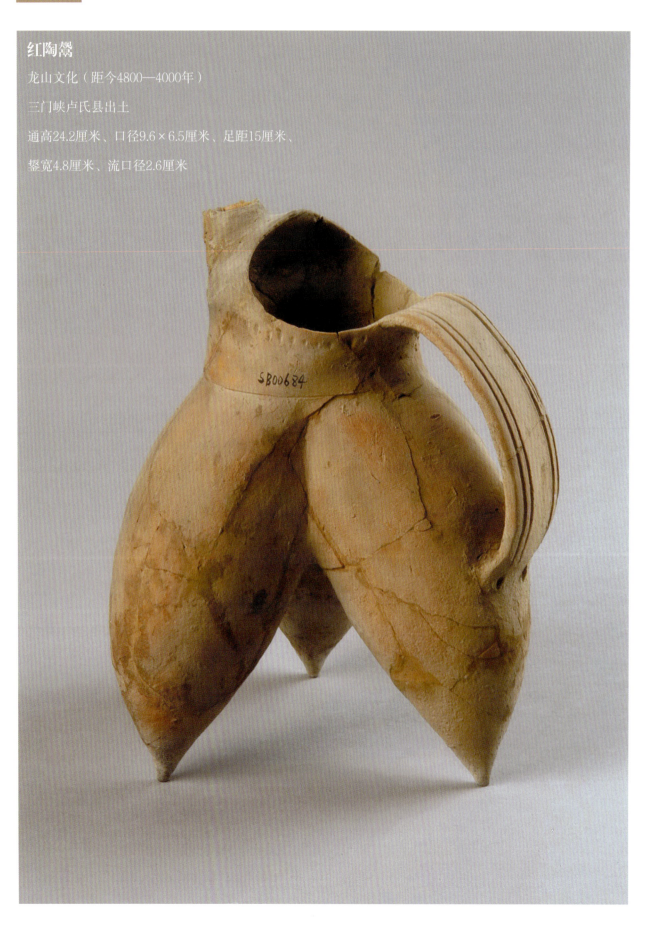

灰陶鼎

龙山文化（距今4800—4000年）

三门峡卢氏县出土

通高21.5厘米、口径26.1厘米、足距11厘米

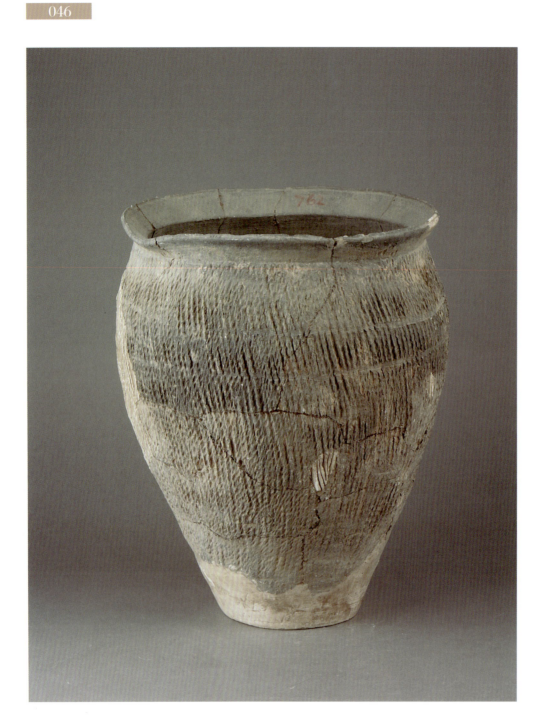

绳纹灰陶罐

龙山文化（距今4800—4000年）

三门峡市区出土

通高36.5厘米、口径28.8厘米、

底径12.5厘米

石斧（上）

龙山文化（距今4800—4000年）

三门峡卢氏县出土

通长13.9厘米、通宽5.8厘米、厚2.9厘米

玉钺（中）

龙山文化（距今4800—4000年）

三门峡灵宝市出土

通长10.5厘米、通宽9.3厘米、厚0.4厘米、

孔径1.6厘米

钻孔石刀（下）

龙山文化（距今4800—4000年）

三门峡渑池县出土

通长9.7厘米、通宽5厘米

石球

龙山文化（距今4800—4000年）

三门峡市区出土

① 直径8厘米

② 直径4.2厘米

③ 直径4.7厘米

④ 直径3.3厘米

⑤ 直径3.6厘米

⑥ 直径3.8厘米

第二部分
古国觅踪——夏商西周时期

Ancient States
——the Xia, Shang and Western Zhou Periods

夏、商、西周时期，三门峡地区始终处于王朝统治的核心区域。西周初实行分封制，武王封神农之后于焦，是为焦国。成王时，以三门峡"陕塬"为界，周公、召公分陕而治。后虢人灭焦，建都上阳（今三门峡李家窑一带）。

　　Sanmenxia remained the core area of the dynastic rule all through the Xia, Shang and Western Zhou periods. The Western Zhou court adopted the system of enfeoffment in its early years. King Wu of Zhou conferred territory of Jiao upon descendants of Shennong (God of Agriculture) who later established State Jiao there. In the reign of King Cheng of Zhou, Duke of Zhou and Duke of Shao co-administered the territory of Shaan with Shaanyuan in Sanmenxia as the boundary. Later, the Guo people wiped out State Jiao and established their capital in Shangyang (present-day Lijiayao area in Sanmenxia).

第一单元
夏商遗珍

　　夏商时期，三门峡属古豫州地，是夏商王朝经略关中、北上晋南的重要通道。先周和周朝初期又是周人东进的战略要地。从文化遗址和墓葬中出土的商代青铜礼器和兵器可以看出，这里已率先进入青铜文明。

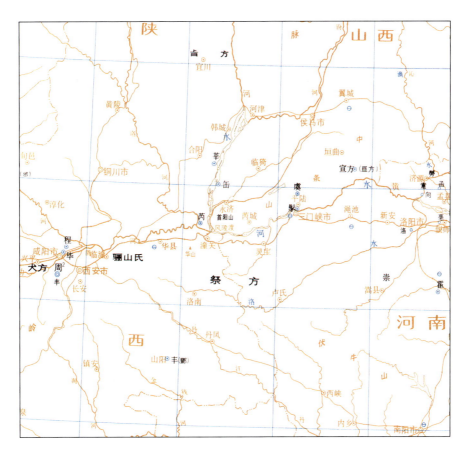

商代三门峡地区地理位置图（出自谭其骧《中国历史地图集》，中国地图出版社，

1996年）

渑池郑窑遗址

　　郑窑遗址位于渑池县城西约1公里处，1974年修公路时发现该遗址。1985年发掘，发现二里头文化灰坑54个，灰沟6条，水井5眼，墓葬4座，出土陶、石、骨、蚌等遗物300件。其中出土1件二里头文化晚期（相当于夏王朝中后期）陶戳形器，属泥质红褐陶，火候较高，方柱形，三面均有刻画符号，被认为是古玺印的雏形，是中国印章的起源之作。其刻画符号是一种具有特定意义的记事符号，上承结绳记事，下启甲骨卜辞，是汉字产生的源头之一。

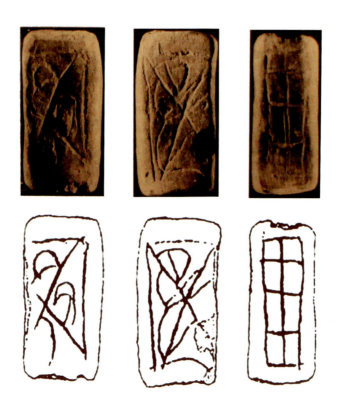

渑池郑窑遗址出土的陶戳（出自河南省文物研究所、渑池县文化馆《渑池县郑窑遗址发掘报告》，《华夏考古》1987年第2期）

七里铺遗址

　　陕州区七里铺商代遗址，1958年由黄河水库考古队组织发掘，发现有灰坑、灰沟、烧坑、墓葬等，出土较完整器物170余件。该遗址是研究商代早、中期文化的重要资料。

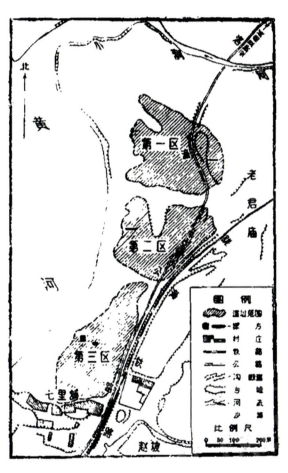

七里铺遗址范围图（出自黄河水库考古工作队河南分队《河南陕县七里铺商代遗址的发掘》，《考古学报》1960年第1期）

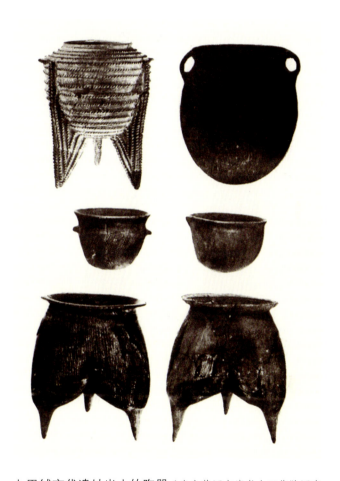

七里铺商代遗址出土的陶器（出自黄河水库考古工作队河南分队《河南陕县七里铺商代遗址的发掘》，《考古学报》1960年第1期）

铜戕（上）

商代（前1600—前1046年）

灵宝市尹庄镇东车村出土

通长18厘米、通宽4.6厘米、銎口径3.8×2.2
厘米

铜戣（下）

商代（前1600—前1046年）

征集

通长18.8厘米、通宽7厘米、内长6.6厘米、厚
0.7厘米、孔径1.1厘米

铜钺

商代（前1600—前1046年）

三门峡市卢氏县出土

通长17.4厘米、通宽8厘米、厚0.3厘米、柄长5.5厘米、

孔径1.2厘米

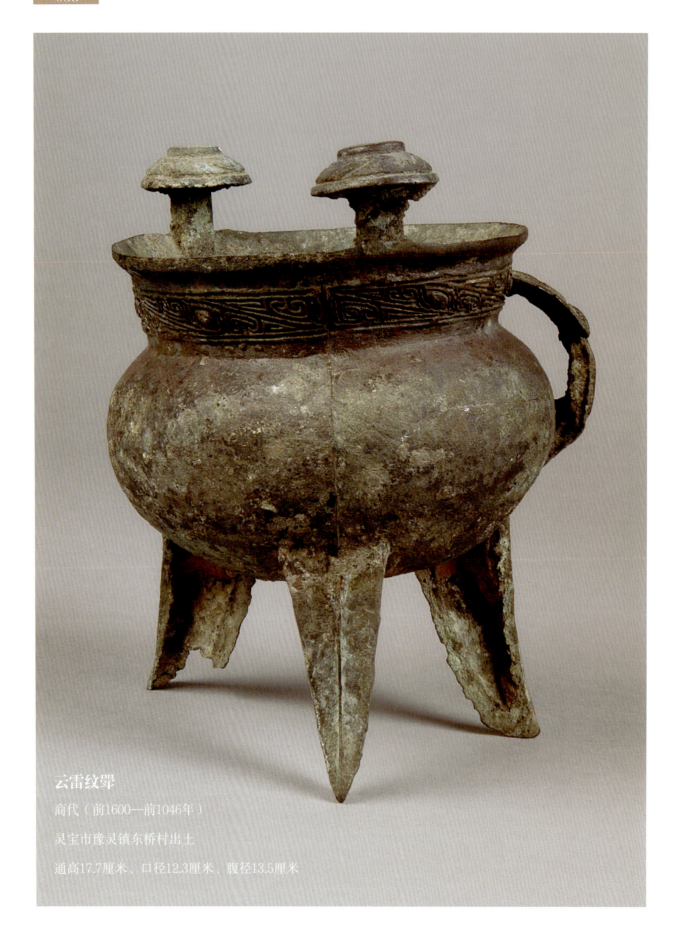

云雷纹斝

商代（前1600—前1046年）

灵宝市豫灵镇东桥村出土

通高17.7厘米、口径12.3厘米、腹径13.5厘米

饕餮纹爵

商代（前1600—前1046年）

灵宝市豫灵镇东桥村出土

通长13.2厘米、通宽7.8厘米、通高15.5厘米、口径5.9厘米、

流长6.4厘米、足距8.1厘米

饕餮纹铜觚

商代（前1600—前1046年）

灵宝市尹庄镇王湾村出土

通高28.2厘米、口径16.1厘米、

底径8.6厘米、深16.2厘米

玉瑗

商代（前1600—前1046年）

三门峡市卢氏县出土

外直径12厘米、内直径6.2厘米、厚1.3厘米、内宽3厘米

第二单元

焦国疑云

　　焦国是三门峡最早的封国。周武王伐纣灭商后，封神农之后于此，即焦国，都城为焦城。据《史记·周本纪》载："武王追思先圣王，乃褒封神农之后于焦。"幽王七年（前775年），被东迁至此的虢国所灭。

　　有关焦国的文献记载：

　　武王追思先圣王，乃褒封神农之后于焦。

　　　　　　　　——《史记·周本纪》

　　焦城在陕州城内东北百步，因焦水而名。

　　　　　　　　——《史记·正义》引《括地志》

　　弘农陕县有焦城，故焦国也。

　　　　　　　　——《汉书·地理志》

　　其大城中有小城，故焦国也。武王以封神农之后于此。

　　　　　　　　——《水经注》卷四

　　幽王七年，虢人灭焦。

　　　　　　　　——《竹书纪年》卷下

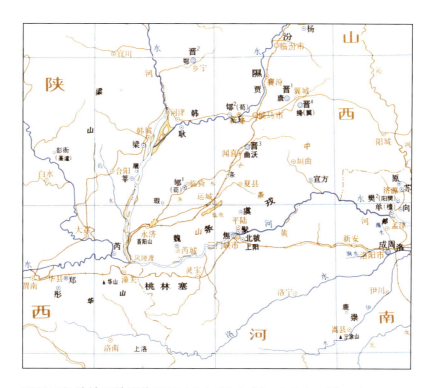

西周三门峡地区地理位置图（出自谭其骧《中国历史地图集》，中国地图出版社，1996年）

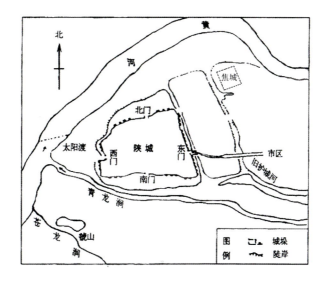

据史书推断焦城的位置

饕餮纹铜鼎

西周（前1046—前771年）

三门峡市区出土

通高25.1厘米、口径20.7厘米、足距15.5厘米

铜辖軎（上）

西周（前1046—前771年）

1998年三门峡市花园北街M1出土

通高10.2厘米、軎口径4.8厘米、辖长11.1厘米

铜马衔（下）

西周（前1046—前771年）

1998年三门峡市花园北街M1出土

通长22厘米、端孔径3.9厘米

铜戈（上）

西周（前1046—前771年）

1998年三门峡市花园北街M1出土

胡长11.5厘米、援长12.8厘米、内长7.3厘米

铜矛（下）

西周（前1046—前771年）

1998年三门峡市花园北街M1出土

通长27.5厘米、通宽3.5厘米

灰陶盂（上）

西周（前1046—前771年）

三门峡市区出土

通高12.8厘米、口径25厘米、底径11.2
厘米

灰陶鬲（下）

西周（前1046—前771年）

三门峡市区出土

通高14.5厘米、口径17.5厘米、足距16
厘米

灰陶豆（上）

西周（前1046—前771年）

三门峡市区出土

通高12.6厘米、口径20.5厘米、底

径14.4厘米

灰陶罐（下）

西周（前1046—前771年）

三门峡市区出土

通高17.5厘米、口径16.8厘米、底

径12.5厘米

"追尸" 簋

西周（前1046—前771年）

1995年三门峡市李家窑M44出土

通高24.5厘米、口径20.8厘米、底
径20厘米、深12.6厘米

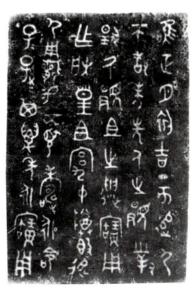

内底铭文拓片

盖内铭文拓片

"追尸" 簋铭文

唯正月初吉丁亥，追尸（夷）不敢（昧）先人之，对扬乓（厥）且
（祖）之遗宝，用乍（作）联皇且（祖）冕中（仲）尊簋。追尸
（夷）用祈易（赐）眉寿永命，子子孙孙其万年永宝用。

第三单元

虢国春秋

　　虢国是西周初年的重要姬姓封国，原位于陕西宝鸡一带，西周末年东迁至三门峡，灭焦国，建都上阳城（今三门峡市区李家窑一带）。其疆域东起渑池，西至灵宝，南抵卢氏，北达平陆。公元前655年，为晋国所灭，留下了"假虞灭虢""唇亡齿寒"等典故。

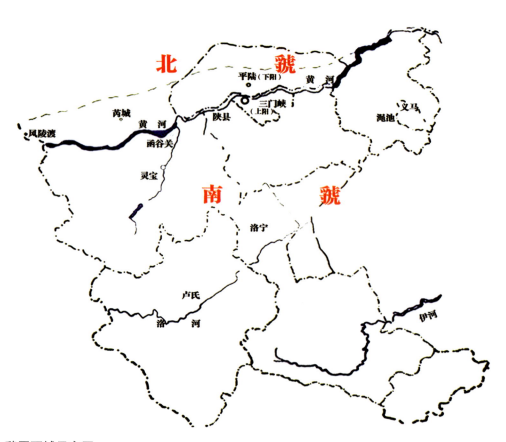

虢国疆域示意图

虢国墓地

虢国墓地位于三门峡市区北部上村岭，南北长590米，东西宽550米，占地32.45万平方米。墓地北部边缘距现黄河岸边600米，南距春秋路100余米，东以茅津路为界，东北为会兴沟，西至上村沟东口。

虢国墓地先后经历了两次考古发掘。20世纪50年代，为配合三门峡水利枢纽工程建设，国家黄河水库考古工作队在上村岭发现了虢国贵族墓地，发掘墓葬234座、车马坑3座和马坑1座，出土各类文物9800多件，拉开了虢国历史文化研究的序幕。20世纪90年代，进行了第二次考古发掘，共发掘了2座国君墓、1座太子墓和1座夫人墓等高级贵族墓葬，出土文物33000多件。

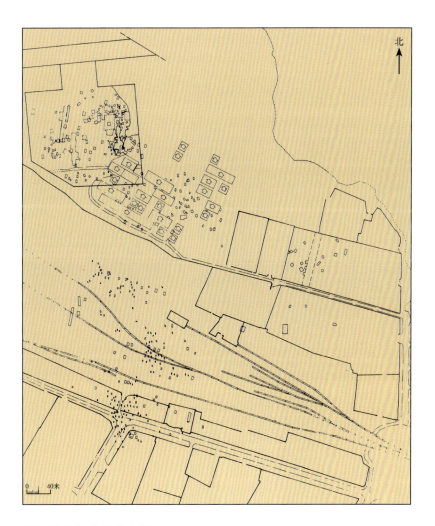

虢国墓地墓葬总分布图

虢君出征图（油画　当代）

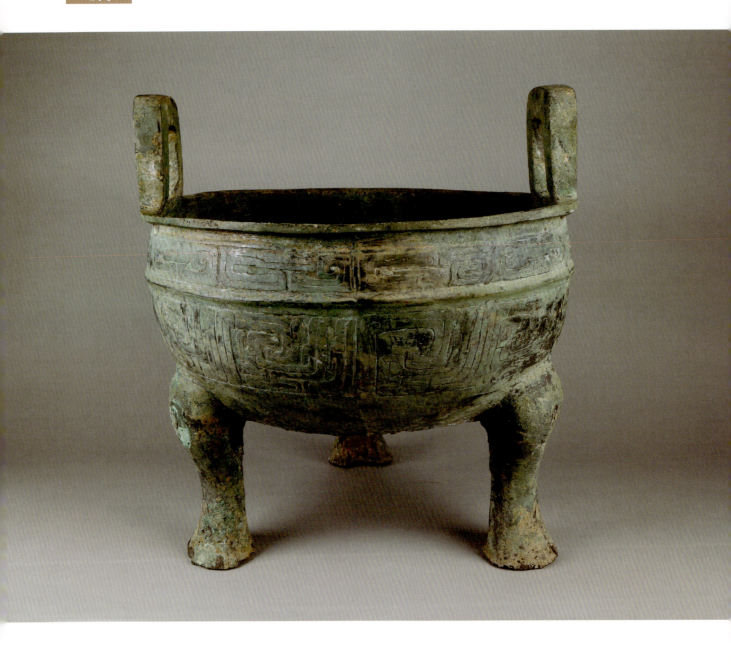

凤鸟纹铜鼎

西周（前1046—前771年）

三门峡虢国墓地出土

通高42厘米、口径38.6厘米、足距19厘米、深19.8厘米

凤鸟纹铜鼎

西周（前1046—前771年）

三门峡虢国墓地出土

通高45厘米、口径44.5厘米、足
距23厘米、深19厘米

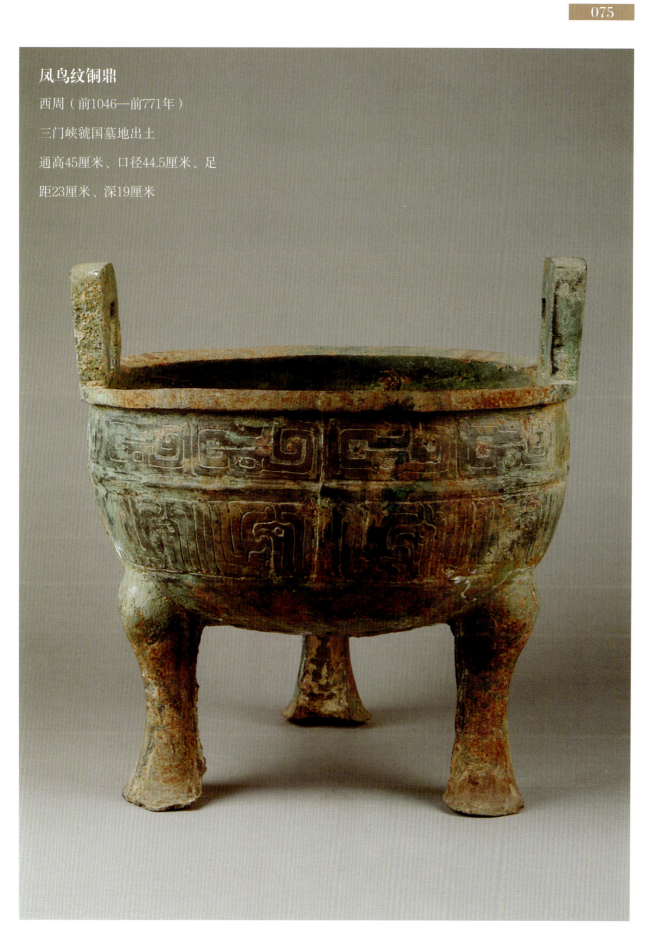

波曲纹铜鼎

西周（前1046—前771年）

三门峡虢国墓地出土

通高42厘米、口径42厘米、足距20.5厘米、深19.4厘米

重环纹铜簋

西周（前1046—前771年）

三门峡虢国墓地出土

通高21厘米、口径17.5厘米、足距16.5厘米、盖口径

19.4厘米、盖底9.3厘米、盖高6.5厘米

凤鸟纹铜鬲

西周（前1046—前771年）

三门峡虢国墓地出土

通高13厘米、口径17.7厘米、足距7厘米

玉戈

西周（前1046—前771年）

三门峡虢国墓地出土

通长35.2厘米、援宽5.6厘米、厚0.4厘米

玉龙

西周（前1046—前771年）

三门峡虢国墓地出土

通高3.8厘米、通宽1.3厘米、厚0.6厘米

玉鹿

西周（前1046—前771年）

三门峡虢国墓地出土

通高3厘米、通长4.1厘米、厚0.4厘米

玉组合项饰

西周（前1046—前771年）

1957年三门峡虢国墓地出土

兽面玉牌长2.8厘米、宽2.2厘米、厚0.3厘米

素面玉牌长2.4厘米、宽1.8厘米、厚0.2厘米

红玛瑙珠67颗，青玉牌7片

玉璜

西周（前1046—前771年）

三门峡虢国墓地出土

通长10.9厘米、宽2.4厘米、厚0.4厘米

玉玦

西周（前1046—前771年）

1957年三门峡虢国墓地出土

直径3.1厘米、孔径1厘米、厚0.2厘米

虢都上阳城

　　虢都上阳城位于三门峡市区东南李家窑村一带，遗址面积约70万平方米。上阳城遗址的发掘大致可分为三个阶段。第一阶段是1957—1958年黄河水库考古队发现虢国墓地之后，为寻找上阳城遗址位置而进行的调查和试掘。根据发掘的遗存和文化内涵初步推定出虢都上阳城的所在地。第二阶段是1986—1999年，为配合城市基本建设项目进行的考古发掘，发现了铸铜作坊区、储粮窖穴、陶质排水管道、陶窑等遗迹。第三阶段是2000年1月到2001年5月，发现了城垣和护城壕遗迹，以及宫城遗址和大型宫殿遗址。现存城垣平面呈长方形，东西长1000—1050米，南北残宽为560—610米，周长约3200米。城垣外平行环绕两道城壕，内城壕宽13—17.5米，外城壕宽15—22米，深4.3—6米。

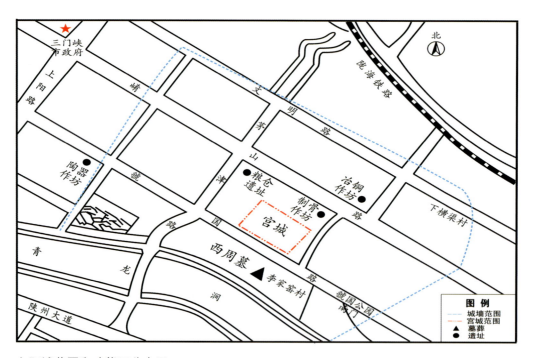

上阳城范围和功能区分布图

085085085085085085

陶鼓风管（上）

西周（前1046—前771年）

三门峡市李家窑遗址出土

通长18.8厘米、上口径2.8厘米、下口径
8厘米

陶铲范（下）

西周（前1046—前771年）

三门峡市李家窑遗址出土

通长20.5厘米、通宽13厘米、通高11.8
厘米、小铲长5.8厘米、小铲宽3.8厘米

陶排水管

西周（前1046—前771年）

三门峡市李家窑遗址出土

通长59.5厘米、大口径21.5厘米、小口径16.2厘米

第三部分
崤函风雨——春秋战国秦时期

Historical Vicissitudes
—— the Spring and Autumn, Warring States, and Qin Periods

春秋战国至秦时期，三门峡地区因崤函古道、函谷关等成为各国交战、会盟的战略要地，在这里上演了一幕幕鲜活的历史剧。大型秦人墓地的相继发现，从一个侧面再现了秦人不断东扩并最终统一六国的波澜壮阔的历史画卷。

In the Spring and Autumn, Warring States, and Qin periods, Sanmenxia gained a strategic significance as a battlefield and place for alliance for all the states, thanks to the Xiaohan Ancient Path and Hangu Pass. The area bore witness to historical vicissitudes. Large tombs of the Qin Dynasty have been discovered one after another, illustrating how the Qin people kept advancing eastwards and finally united the other six states with it.

第一单元
崤函古道

崤函古道是我国古代沟通长安、洛阳两大都邑的东西干道上最为崎岖的一段，因其沿线主要穿行于崤山之中，又有号称天险的函谷关，故称崤函古道。这里自古以来就是交通咽喉，两京锁钥，险关要塞，许多战事发生于此，如春秋时期著名的秦晋崤之战。

崤函古道石壕段遗迹

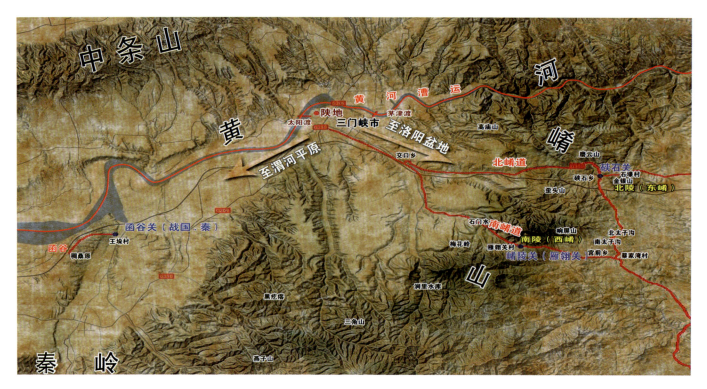

崤函古道水陆交通图

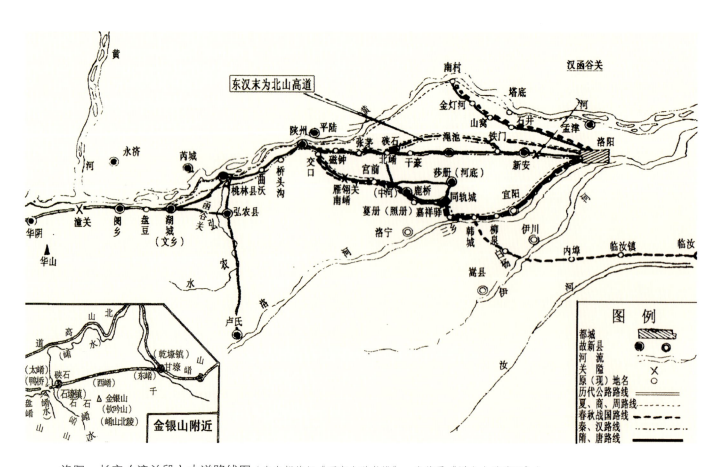

洛阳—长安（潼关段）古道路线图（出自胡德经《两京古道考辨》、辛德勇《崤山古道琐证》）

"伯嘉父"簋

春秋（前770—前476年）

三门峡灵宝市出土

通高14厘米、通宽22厘米、口径13.1厘米、底

径13.6厘米、盖高5厘米、盖口径14.4厘米

"伯嘉父"簋铭文："伯嘉父
作喜姬尊簋"

铜剑

春秋（前770—前476年）

三门峡渑池县出土

通长57.6厘米、通宽4.8厘米、柄长9.8厘米

铜矛

春秋（前770—前476年）

三门峡市区出土

① 通长9.9厘米、刃长8厘米、骹口长2厘米、宽1.6厘米

② 通长22.5厘米、通宽3.4厘米、刃长12.2厘米、孔径0.8厘米、口径2.1厘米

③ 通长15厘米、刃长8厘米、骹径1.9厘米、穿径0.3厘米

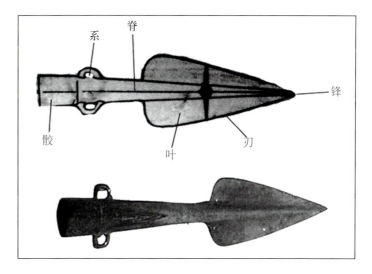

矛的图示

铜戈

春秋（前770—前476年）

三门峡市区出土

① 通长21厘米、胡长10.5厘米、援长13厘米、内长7.8厘米

② 通长25.8厘米、胡长12.5厘米、援长17.9厘米、内长7.9厘米

③ 通长18.9厘米、胡长9.8厘米、援长12.2厘米、内长6.4厘米

铜辖軎

春秋（前770—前476年）

三门峡市区出土

① 軎高6厘米、軎口径8.1厘米、辖长8.4厘米

② 軎高6厘米、軎口径5厘米、辖长8 厘米

③ 軎高6.2厘米、軎口径5厘米、辖长8厘米

④ 軎高5.8厘米、軎口径3.7厘米、辖长6.2厘米

⑤ 軎高6.2厘米、軎口径5厘米、辖长8.5厘米

青铜编镈

春秋（前770—前476年）

三门峡陕州区出土

最大：通高21.5厘米、钮高4.9厘米、口径14.5×11厘米

最小：通高16.8厘米、钮高3.9厘米、口径11×8.6厘米

蟠虺纹铜扁壶

战国（前475—前221年）

三门峡市区出土

通高31厘米、通长31.5厘米、口径11.1厘米、底

径16.7×9.2厘米

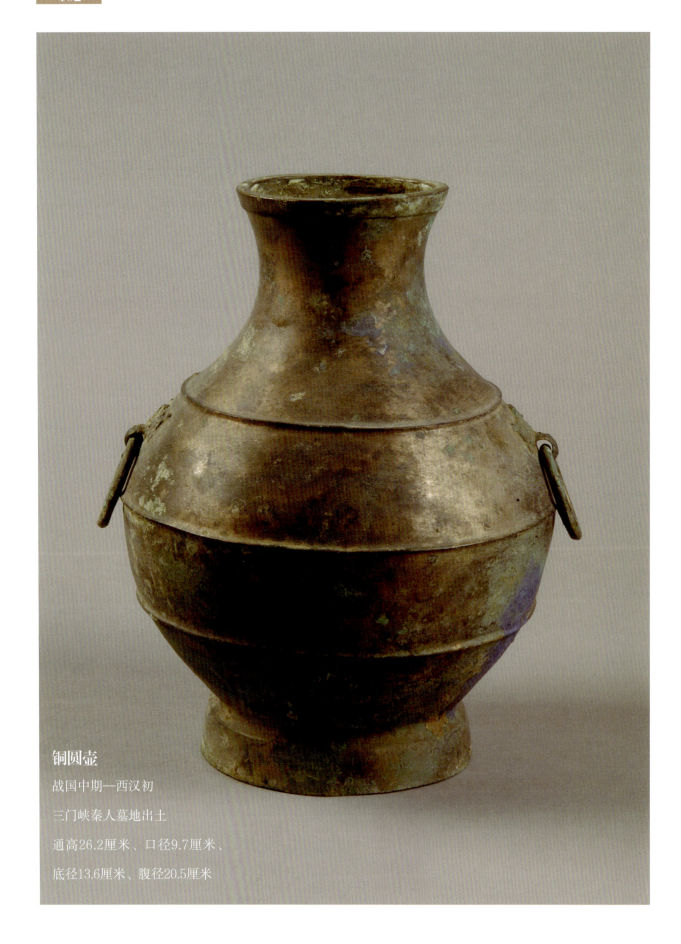

铜圆壶

战国中期—西汉初

三门峡秦人墓地出土

通高26.2厘米、口径9.7厘米、

底径13.6厘米、腹径20.5厘米

灰陶鼎

战国（前475—前221年）

三门峡市区出土

通高21厘米、口径8.3厘米、足距7厘米、

盖直径21.5厘米、盖高6.8厘米

灰陶盒

战国（前475—前221年）

三门峡市区出土

通高14厘米、口径17厘米、底径10.6厘米

灰陶豆

战国（前475—前221年）

三门峡市区出土

通高20厘米、口径8.6厘米、底径10.7厘米

105

① ② ③

"武" 字空首布

春秋（前770—前476年）

三门峡市区出土

① 通长8.7厘米、肩宽4.3厘米、足距5厘米、銎长1.7厘米、銎宽1.2厘米

② 通长8.9厘米、肩宽4.4厘米、足距5厘米、銎长1.9厘米、銎宽1.2厘米

③ 通长8.9厘米、肩宽4.5厘米、足距5厘米、銎长1.7厘米、銎宽1.3厘米

④ 通长8.4厘米、肩宽4.1厘米、足距4.7厘米、銎长1.7厘米、銎宽1.2厘米

⑤ 通长9厘米、肩宽4.4厘米、足距5厘米、銎长1.9厘米、銎宽1.2厘米

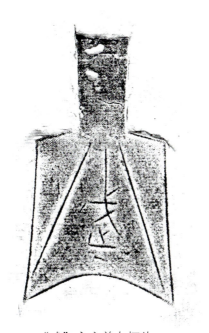

"武"字空首布拓片

① ② ③

"卢氏"空首布

春秋（前770—前476年）

三门峡市区出土

① 通长8.9厘米、肩宽4.6厘米、足距4.5厘米、銎长1.7厘米、銎宽1厘米

② 通长8.9厘米、肩宽4.6厘米、足距4.5厘米、銎长1.7厘米、銎宽1厘米

③ 通长8.6厘米、肩宽4.4厘米、足距4.9厘米、銎长1.7厘米、銎宽1厘米

④ 通长8.5厘米、肩宽4厘米、足距4.7厘米、銎长1.7厘米、銎宽1厘米

⑤ 通长9厘米、肩宽4.4厘米、足距4.9厘米、銎长1.7厘米、銎宽1厘米

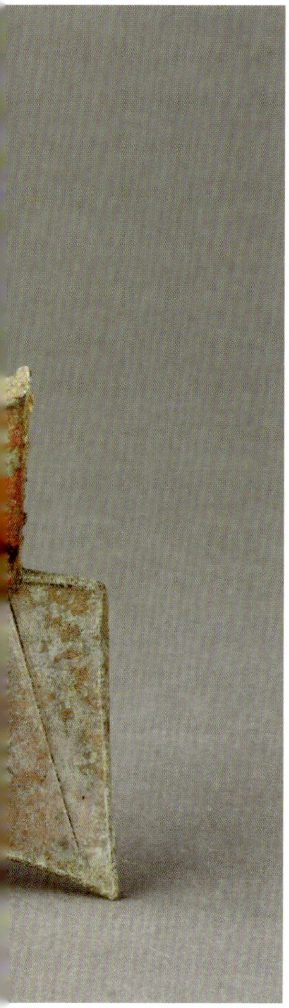

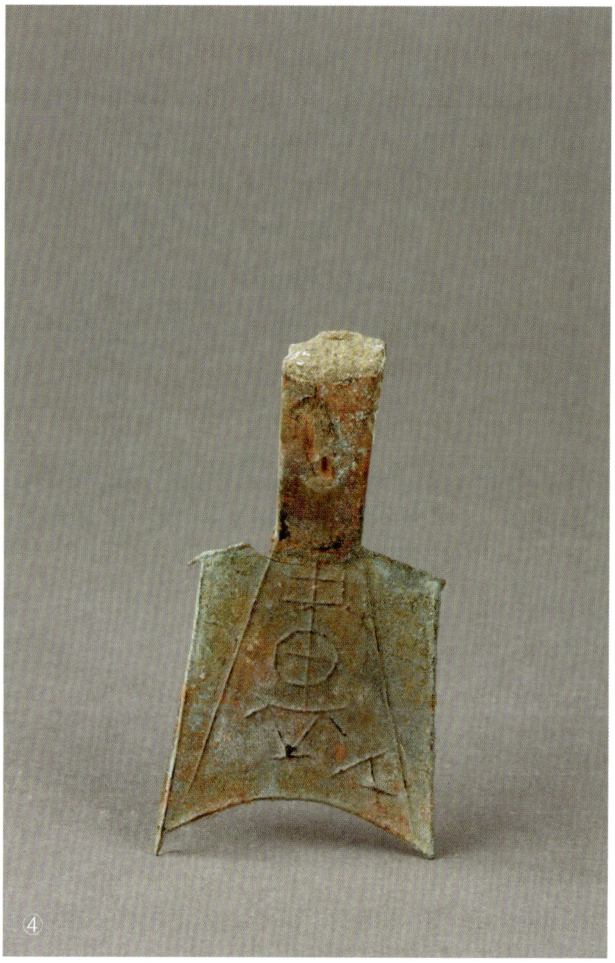

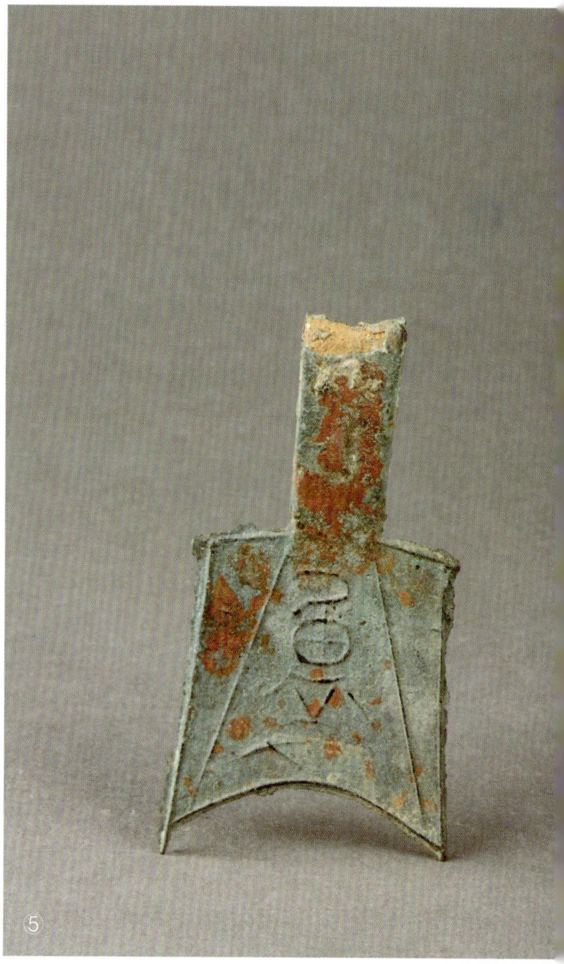

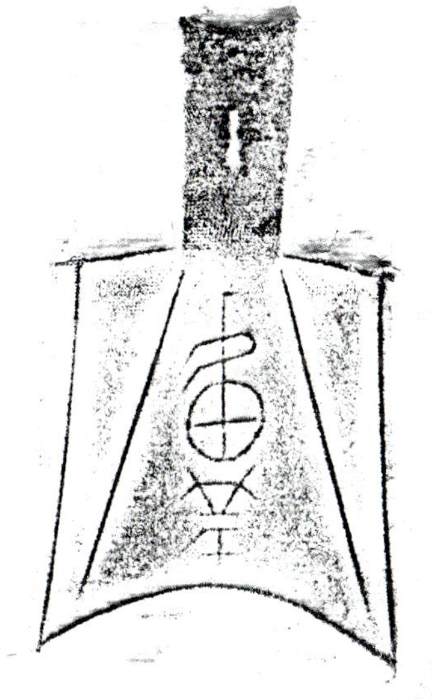

“卢氏”空首布拓片

① ② ③

"三川釿"空首布

春秋（前770—前476年）

三门峡市区出土

① 通长8.9厘米、足距4.9厘米、首边长1.7厘米、首边宽1.2厘米、肩距4.3厘米

② 通长8.6厘米、足距4.9厘米、首边长1.7厘米、首边宽1.9厘米、肩距4.1厘米

③ 通长8.8厘米、足距4.9厘米、首边长1.8厘米、首边宽1.1厘米、肩距4.2厘米

④ 通长9.1厘米、足距5厘米、首边长1.9厘米、首边宽1.1厘米、肩距4.4厘米

⑤ 通长9.2厘米、足距4.9厘米、首边长1.8厘米、首边宽1.4厘米、肩距4.2厘米

④ ⑤

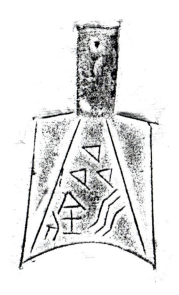

"三川釿"空首布拓片

"垣"字圜钱

战国（前475—前221年）

三门峡市区出土

① 直径4.2厘米、孔径0.5厘米

② 直径4.1厘米、孔径0.6厘米

第二单元

函谷雄关

函谷关位于灵宝市王垛村，始置于周康王时，因关在谷中，深险如函而名。关在城中，城寓关隘，山势险恶，关道崎岖险峻，素有"车不方轨，马不并辔"之说，为历代兵家必争之地。秦人据此险而扼守东西咽喉，虎视东方，蚕食六国，最终席卷天下，统一中国。

函谷关商周至秦时期重要战事一览表

函谷关是我国建置最早的雄关要塞之一，在我国历史上闪耀过璀璨的光芒。函谷关地势险要，位置优越，为历代兵家必争之地，在此发生过无数重大战役。

序号	著名战事	内容
1	虢公败戎	公元前658年，晋献公贿赂居住在骊山一带的犬戎从西边攻击虢国。犬戎兵至桑田(今函谷关镇稠桑村)，虢公率领伏兵从函谷古道两侧杀出，居高临下，犬戎大败而逃。
2	修鱼之战	公元前318年，楚、赵、魏、韩、燕合纵攻秦，楚怀王为纵长，到了函谷关，秦派兵抵御。第二年，秦军出函谷关，在修鱼(今河南原阳西南)与联军决战，联军大败，伤亡8万余人，韩将申差等被俘。
3	割城求和	公元前298年，秦相孟尝君被免职，逃回齐国。齐国任孟尝君为相，率齐、韩、魏军队攻打秦国。公元前296年，联军攻破函谷关，一直到达盐氏（今山西运城），秦国被迫将韩国的武遂、魏国的封陵退还。
4	无忌讨秦	公元前248年，秦将蒙骜率军攻打魏国，魏军大败。魏王以信陵君为上将军，信陵君派人向诸侯求救，诸侯得知后，纷纷派兵支援。信陵君率领五国军队大败蒙骜于河外，并乘胜追击至函谷关。
5	秦败五国	公元前241年，楚、赵、魏、韩、卫合纵攻秦，楚王为纵长，春申君为主帅，收复寿陵地区。联军一直攻到函谷关，秦军出兵迎击，联军大败。
6	庞煖征秦	公元前241年，庞煖率领赵、楚、魏、燕军队攻打秦国，认为攻秦之师屡向西进攻，均在函谷关被阻，不如绕道蒲阪（今山西永济西南），南渡河水，迂回至函谷关后，可以出其不意。联军分路出蒲阪，进展顺利，至蓝（今陕西临潼北）时与秦军相遇，最终失败。
7	周文入关	陈胜称王后，授予周文将军印，向西攻秦。行军途中，周文不断招募士兵，行至函谷关，已有兵车千辆，士兵数十万，乘胜入关，前锋进驻戏亭（今陕西临潼东）。秦派少府章邯将修建秦始皇陵的奴隶和囚徒组成军队阻击周文，周文败退，先出函谷关，又退至曹阳（今河南三门峡西南），后退至渑池（今渑池）。

雄关要塞——函谷关

周秦函谷关始置于周康王时。因关在谷中，深险如函，故名函谷关。关城东西长7.5公里，山势险恶，关道崎岖险窄，为历代兵家必争之地。史书载：战国时，山东诸国"尝以十倍之地，百万之师，仰关而攻秦，秦人开关而延敌，九国之师逡巡而不敢进"。城内有老子著《道德经》处的太初宫，以及城墙、箭库等遗存，留下了"鸡鸣狗盗""紫气东来""白马非马""玄宗改元"等历史典故。

函关古道东起弘农涧河西岸的函谷关东门，横穿关城向西至古桑田（今稠桑），全长7.5公里，谷深数十米，两岸树木参天，遮天蔽日；谷底小道蜿蜒，马不并辔，是古代东西交通的咽喉。

函谷关城墙遗存

函谷关箭库遗存

山壁夹峙的关道

函关古道

　　魏函谷关位于灵宝市区北19公里的函谷关镇孟村,距秦关约5公里。汉献帝建安十六年(211年)三月,韩遂、马超屯兵潼关,曹操率大军西征,因函谷关古道狭窄难行,命大将许褚在黄河岸边开凿大道,以备军需之用。魏正始元年(240年)弘农太守孟康在此建造关城,后称"魏关""大崤关""金关",成为东达洛阳、西接长安的重要交通干线。

函关夹辅

魏函谷关

函谷关现貌

老子著经

老子，又称老聃、李耳，字伯阳，曾做过周朝"守藏室之官"。他晚年西行过函谷关，应关令尹喜之邀在太初宫著《道德经》五千言。《道德经》主张无为而治，具有朴素的辩证法思想，是中国历史上首部完整的哲学著作，其学说对中国哲学发展具有深刻影响，被奉为道家经典。

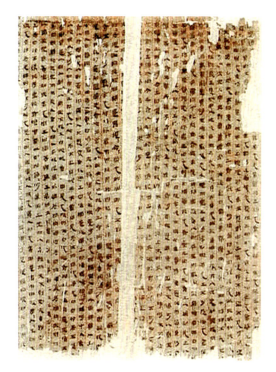

长沙马王堆出土《道德经》局部

函谷关太初宫

第三单元
烽火秦烟

　　三门峡是秦在统一六国进程中最早占据的地域之一。秦惠公十年（前390年），秦在陕置县。秦庄襄王元年（前249年），秦设三川郡。函谷关、胡关、南曲沃城、陕城等成为秦固守的战略要塞，在这些要塞附近发现了大型秦人墓地，出土了丰富的实物资料，成为研究秦文化的重要例证。

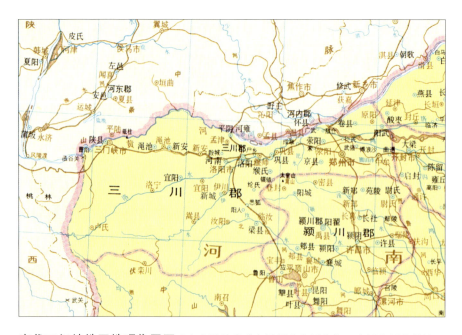

秦代三门峡地区地理位置图（出自谭其骧《中国历史地图集》，中国地图出版社，1996年）

秦人墓

　　三门峡地区发现的战国中期至西汉早期墓葬3000余座，其形制特殊，演变规律明显，随葬品及墓主人葬式等都有鲜明的时代特征，被确认为秦人墓。

　　秦人墓葬形制从战国中期的竖穴土坑墓到中晚期的竖穴土坑墓道侧室墓，以及战国晚期和西汉初期的竖穴土坑墓道洞室墓，演变规律明显。墓主人多为屈肢葬式，随葬的茧形壶、蒜头壶等极具秦文化特色。

竖穴土坑墓

竖穴土坑墓道侧室墓

竖穴土坑墓道洞室墓

①　　②

铜蒜头壶

战国中期—西汉初

三门峡秦人墓地出土

①　通高37厘米、口径3.5厘米、底径11厘米、腹径23.2厘米

②　通高38厘米、口径3.1厘米、底径10.5厘米、腹径22.5厘米

铜鍪

战国中期—西汉初

三门峡秦人墓地出土

① 通高16.2厘米、口径12.6厘米、腹径18厘米

② 通高15厘米、口径13.4厘米、腹径18.7 厘米

彩绘陶鼎

战国中期—西汉初

三门峡秦人墓地出土

通高18.5厘米、通宽24.4厘米、口径17厘米、

足距20厘米、盖高5厘米

彩绘陶甗

战国中期—西汉初

三门峡秦人墓地出土

通高29.8厘米

甑：高13.3厘米、口径27.6厘米、底径14.3厘米

鼎：高17.5厘米、口径10厘米、足距22厘米

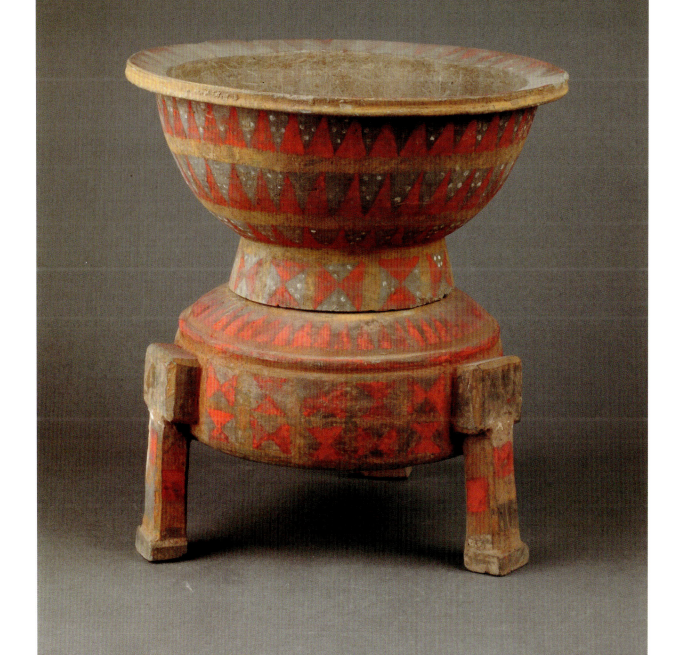

彩绘陶壶

战国中期—西汉初

三门峡秦人墓地出土

通高37厘米、口径11.6厘米、底径14.3厘米、腹径24.8厘米、盖高4厘米

"陕市"陶文拓片

"陕市"陶文

"陕市"陶缶

战国中期—西汉初

三门峡秦人墓地出土

通高28.5厘米、口径12厘米、底径13.5厘米

"陕亭"陶缶

战国中期—西汉初

三门峡秦人墓地出土

通高29.3厘米、口径12.5厘米、底径15.1厘米

"陕亭"陶文拓片

"陕亭"陶文

茧形陶壶

战国中期—西汉初

三门峡秦人墓地出土

通长20厘米、通宽15.4厘米、通高18.3厘米、

口径10厘米、底径8.4厘米

灰陶釜

战国中期—西汉初

三门峡秦人墓地出土

通高13厘米、口径16厘米、腹径19.3厘米

铜剑

战国中期—西汉初

三门峡秦人墓地出土

① 通长47.7厘米、通宽4厘米、刃长39厘米、柄长9厘米

② 通长47.5厘米、通宽5.2厘米、刃长38.7厘米、柄长8.5厘米

铜戈

战国中期—西汉初

三门峡市区出土

① 通长22厘米、胡长7.5厘米、援长14.2厘米

② 通长17.7厘米、胡长10.2厘米、援长11.1厘米

③ 通长18.6厘米、胡长10.2厘米、援长11.6厘米

④ 通长19.2厘米、胡长11厘米、援长12厘米

③

④

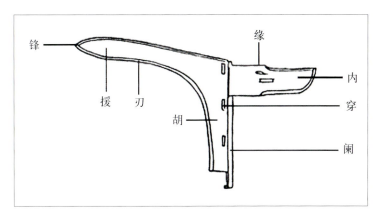

戈的图解

"半两"铜钱

战国中期—西汉初

三门峡秦人墓地出土

直径3.1厘米、孔边长0.9厘米

铜镞

战国中期—西汉初

三门峡秦人墓地出土

① 通长7.7厘米、通宽2.4厘米、铤长3.2厘米、
翼长4.8厘米

② 通长7.1厘米、通宽2.6厘米、翼长4.7厘米

《左传·僖公三十三年》

三十有三年春，王二月，秦人入滑。

齐侯使国归父来聘。

夏四月辛巳，晋人及姜戎败秦师于殽。

癸巳，葬晋文公。

殽之战（油画 当代）

第四部分

名州望郡——两汉魏晋南北朝时期

A Prominent Prefecture

—— the Han, Wei, Jin and Southern and

Northern Periods

汉统一天下后，三门峡地区成为连接东、西二京的交通咽喉，一直是历代政治军事要地。汉武帝元鼎三年（前114年）设弘农郡，郡治在函谷关。北魏孝文帝太和十一年（487年），废郡置州，设陕州。随着南北二崤道的拓展，庄园经济的繁荣，佛教的传入，更加彰显了其区位优势和文化特色。

Upon the reunion of China by the Han court, Sanmenxia became the strategic passage between Chang'an and Luoyang. It would be from then on a place of military and political significance. Hongnong Prefecture was established in 114BC (the third year of the Yuanding era under the reign of Emperor Wu of Han), with the seat in Hangu Pass. In 487 (the 11th year of the Taihe era under the reign of Emperor Xiaowen of Northern Wei), Hongnong Prefecture was replaced by the Shaan Province. As the northern and southern parts of the Xiaohan Ancient Pass kept extending, manor economy thrived here and Buddhism was introduced to China, Sanmenxia saw its location superiority and distinct culture further highlighted.

第一单元
汉置弘农

　　《汉书·地理志》记载，弘农郡辖弘农、卢氏、陕、宜阳、渑池、丹水、新安、商、析、陆浑、上洛11县。魏文帝时更名为恒农郡，西晋时复称弘农郡。弘农郡地处长安、洛阳之间，随着南北二崤道及黄河漕运的相继开通，极大地促进了当地社会经济和文化的快速发展。

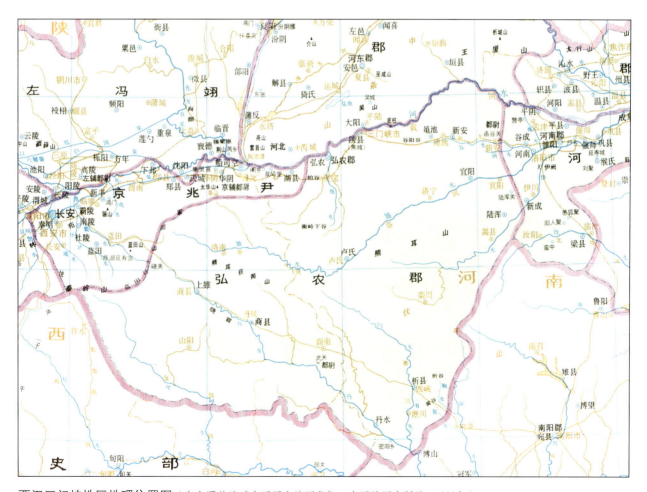

西汉三门峡地区地理位置图（出自谭其骧《中国历史地图集》，中国地图出版社，1996年）

"黾池军左"铁锛（左）

东汉（25—220年）

1974年渑池火车站工地窖藏出土

通长11.8厘米、通宽10.8厘米、厚3.6厘米

汉弘农郡"黾池军左"铁锛拓片

"黾池军右"铁锛（右）

东汉（25—220年）

1974年渑池火车站工地窖藏出土

通长12厘米、通宽10.8厘米、厚3.5厘米

汉弘农郡"黾池军右"铁锛拓片

铁镢（上）

西汉（前206—25年）

1974年渑池火车站工地窖藏出土

通长32.3厘米、通宽12.7厘米、通高11.7厘米

曲柄铁犁（下）

西汉（前206—25年）

1974年渑池火车站工地窖藏出土

通长32厘米、通宽14厘米、通高42.5厘米

铁犁铧

西汉（前206—25年）

1974年渑池火车站工地窖藏出土

通长29.7厘米、通宽26.5厘米、通高10.5厘米

铁镢范（上）

西汉（前206—25年）

1974年渑池火车站工地窖藏出土

通宽20厘米、残长22.7厘米、残高5.2厘米

铁锤范（下）

西汉（前206—25年）

1974年渑池火车站工地窖藏出土

通长17厘米、直径8.2厘米

铜钫

西汉（前206—25年）

三门峡市区出土

通高40厘米、口径11.9厘米、底径13.6厘米

铜长颈壶

西汉（前206—25年）

三门峡市区出土

通高38.6厘米、口径6.1厘米、底径13.2厘米、

腹径20.8厘米

铜甗

西汉（前206—25年）

三门峡市区出土

通高33.5厘米、甑口径29.5厘米、釜口径11.9厘米

雁足灯

西汉（前206—25年）

三门峡市区出土

通高15厘米、口径14.9厘米、底座长10.4厘

米、底座宽8.3厘米

铜甗

西汉（前206—25年）

三门峡市区出土

通高18.3厘米

甑：高7.7厘米、口径12.3厘米、底径6.6厘米

鼎：高11.7厘米、口径4.5厘米、足距12厘米

提梁铜鋞

西汉（前206—25年）

三门峡市区出土

通高20.5厘米、腹径12.4厘米

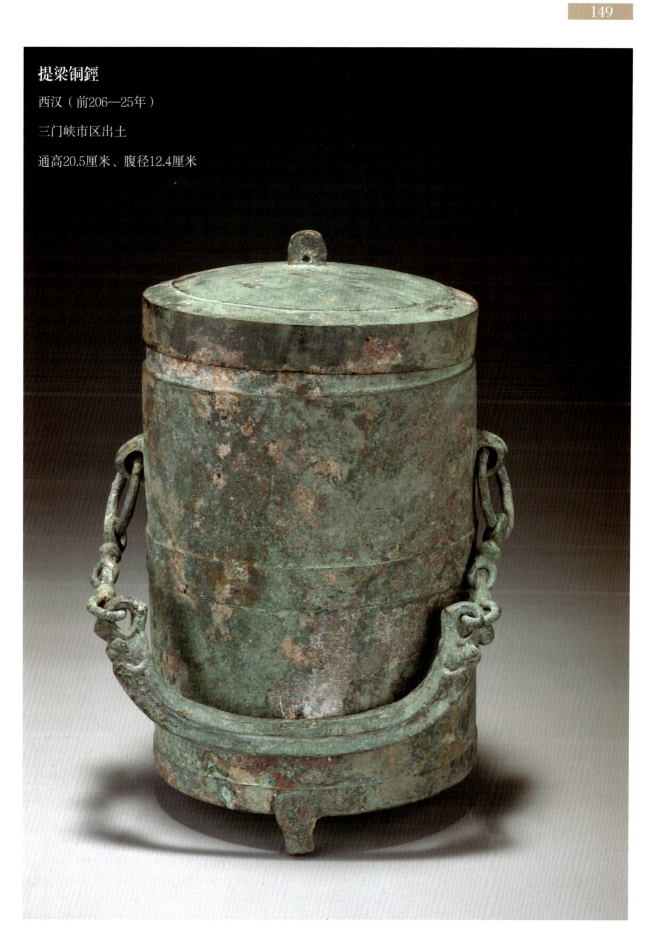

　　深衣是一种上衣下裳相连的服装，分开裁而上下缝合。深衣在汉代成为礼服，既符合礼节，又显示出端庄、高雅华贵的气质，同时包含汉代人对天地的崇拜和天人合一的文化追求。

彩绘陶跽坐俑

西汉（前206—25年）

三门峡市区出土

通高37厘米、通长34.5厘米、通宽24厘米、

肩宽10厘米、腰围12厘米

彩绘陶踞坐俑

西汉（前206—25年）

三门峡市区出土

通高36厘米、通长34.7厘米、通宽20厘米、

肩宽11.5厘米、腰围12厘米

茧形陶壶

西汉（前206—25年）

三门峡市区出土

通长43.3厘米、通宽30厘米、通高38厘米、口径14.9厘米、

底径12.9厘米

玉璧

西汉（前206—25年）

三门峡市区出土

直径14.2厘米、孔径4.5厘米

玉剑璲

西汉（前206—25年）

三门峡市区出土

通长7.4厘米、通宽2.1厘米、通高1.3厘米

俳优俑石镇

西汉（前206—25年）

三门峡渑池县出土

① 通长7.5厘米、通宽6.6厘米、通高8.5厘米

② 通长5.8厘米、通宽6.4厘米、通高7.2厘米

③ 通长6厘米、通宽5.8厘米、通高7.6厘米

④ 通长6.9厘米、通宽6.4厘米、通高8.4厘米

香文化的历史源远流长，春秋战国时期人们已使用天然香料，西汉时得以流行。汉代宫廷中对香料的使用十分普遍，祭祀、典仪乃至日常生活皆有焚香。从西汉至魏晋南北朝，不同质地的"博山炉"成为经典香具。隋唐时期香文化臻于成熟与完备；宋以降，香文化得到繁盛与普及。

香薰　北魏孝昌三年（527年）画像石拓片

灰陶熏炉

西汉（前206—25年）

三门峡市区出土

通高19.3厘米、口径9.5厘米、底径9.5厘米

灰陶熏炉

西汉（前206—25年）

三门峡义马市出土

通高19.3厘米、口径9.5厘米、底径9.5厘米

绿釉陶熏炉

西汉（前206—25年）

三门峡市区出土

通高25厘米、口径14.7厘米、底径14厘米

铜熏炉

西汉（前206—25年）

三门峡市区出土

通高26厘米、口径10.5厘米、底径14.5厘米

铜熏炉

西汉（前206—25年）

三门峡市区向阳汉墓出土

①　通高10.5厘米、口径5.6厘米、底径8.5厘米

②　通高13厘米、口径6.5厘米、底径8.5厘米

铜熏炉

西汉（前206—25年）

三门峡市区向阳汉墓出土

通高24.5厘米、口径7.8厘米、底径9厘米

"麻万石"灰陶仓

东汉（25—220年）

三门峡市区出土

通高36.2厘米、口径7.3厘米、底径18.5厘米

"粟千石"灰陶仓

东汉（25—220年）

三门峡市向阳汉墓出土

通高41厘米、口径9.7厘米、底径20厘米

凤鸟纹瓷壶

东汉（25—220年）

三门峡市区出土

通高36厘米、口径12.7厘米、底径15.5厘米、腹径27.5厘米

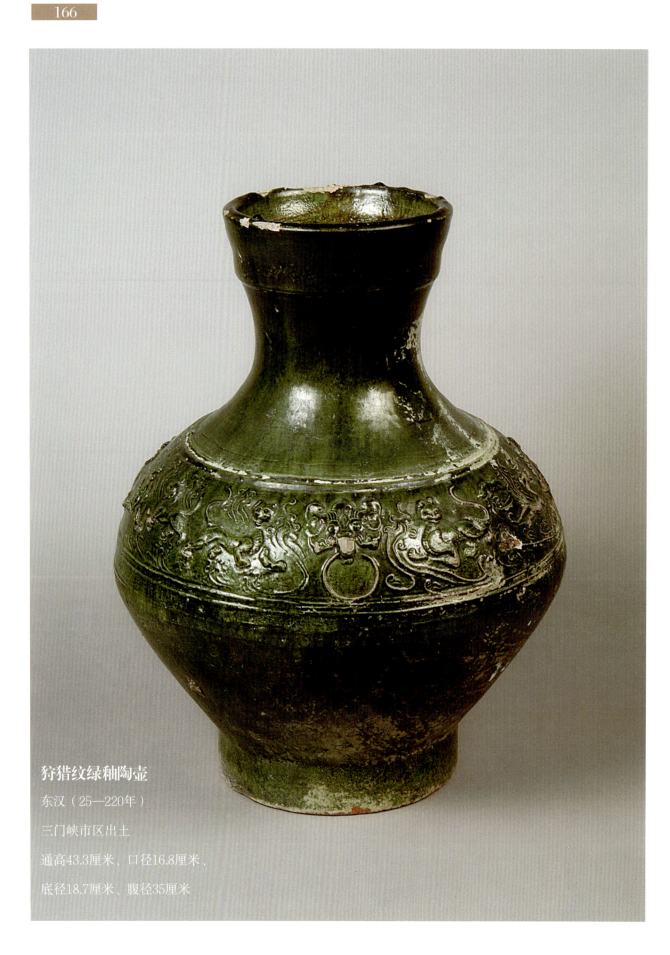

狩猎纹绿釉陶壶

东汉（25—220年）

三门峡市区出土

通高43.3厘米、口径16.8厘米、

底径18.7厘米、腹径35厘米

绿釉陶楼

东汉（25—220年）

三门峡灵宝市出土

通高100厘米、底边长29厘米

狩猎纹绿釉陶樽（左）

东汉（25—220年）

三门峡市区出土

通高22.5厘米、口径19.6厘米、底径19.2厘米、盖高7.8厘米

绿釉陶鸱鸮（右）

东汉（25—220年）

三门峡市区出土

通高25.5厘米、通长27.8厘米、通宽17.8厘米

绿釉鹰形壶
1972年三门峡市出土（汉）
Green-glazed Hawk (the Han D-
ynasty) Sanmenxia City 1972

绿釉陶井

东汉（25—220年）

三门峡灵宝市出土

通高40厘米、口径18厘米、

底径14厘米、桶高4.8厘米、

桶口径3.4厘米

"大泉五十"铜钱范（上）

西汉（前206—25年）

三门峡市区出土

通长43.8厘米、通宽20.3厘米、通高4.7厘米、
范厚1.9厘米

"大泉五十"铜钱（下）

西汉（前206—25年）

三门峡市区出土

直径2.8厘米、孔边长0.9厘米

绿釉陶狗

西汉（前206—25年）

三门峡市区出土

通长36厘米、通宽15.7厘米、通高31.8厘米、

足距长19厘米、足距宽10厘米

红陶狗

西汉（前206—25年）

三门峡市区出土

通长33.5厘米、通宽13.8厘米、通高24.5厘米、

足距长22.1厘米、足距宽11.4厘米

① ②

绿釉陶俑灯

东汉（25—220年）

三门峡市区出土

① 通高28.5厘米、底径10.5厘米

② 通高23.8厘米、口径4.7厘米、底径11.2厘米

③ 通高27.6厘米、帽口径6.2厘米、底径10.8厘米

③

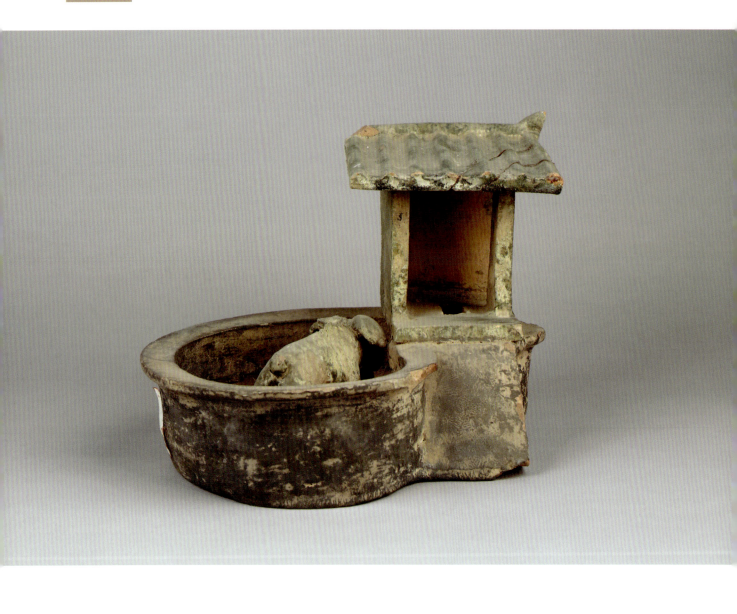

绿釉陶猪圈

东汉（25—220年）

三门峡灵宝市出土

通长21.5厘米、通宽22.7厘米、通高16.7厘米

绿釉陶作坊

东汉（25—220年）

三门峡灵宝市出土

通长31厘米、通宽18厘米、通高22.4厘米

弘农太守章

弘农都尉章

弘农左尉

弘农铁丞

弘农狱丞

陕令之印

黾池令印

黾池厩丞

卢氏丞印

湖令之印

太常之印章

东平内史章

宜阳令印

宜阳令印

新安右尉

新安置丞

析侯国丞

析长之印

析丞之印

丹水丞印

陆浑丞印

上雒长印

商长之印

河南太守章

弘农封泥

封泥为古代缄封简牍钤有印章以防私拆的信验物，其使用最早见于先秦文献，主要流行于秦汉时期。这批封泥出土于弘农郡治函谷关，反映了当时的行政区划、机构设置、职官配备等情况，具有很高的史料价值。

汉代交通

西周开创了东西都制度，并修建了连接两京的"周道"。春秋战国时期，桃林塞和崤山南北二道是西方秦国和东方诸国交流的交通要道。秦汉时期，战事及交通往返多在北路一线。东汉建安年间，曹操西征，对北路重加开凿。西晋以后，崤山南路日益重要。

黄河古栈道遗迹

黄河漕运起源于春秋战国时期，起初主要用于军粮运输。秦汉时已成为转征租赋的有效方式。西汉定都长安后，为满足关中的需求，每年都将黄河流域所征粮食运往关中，联结黄河、淮河、长江三大水系，形成沟通南北的新的漕运通道，奠定了后世大运河的基础。

三门峡人门栈道东汉摩崖刻石（出自《三门峡漕运遗迹》，科学出版社，1959年）

黄河古栈道遗迹

黄河古栈道遗迹

弘农杨氏

据《通志·氏族略》记载，弘农杨氏，即是春秋羊舌氏后裔。晋顷公十二年（前514年），晋大夫杨食我获罪被诛，子孙避难至华山仙谷（今灵宝豫灵镇石姥峪），此为弘农杨氏之始。东汉杨震，自幼好学，博览群书，自成一家，为弘农郡之大儒，人称"关西夫子"。杨震与其子杨秉、孙杨赐、曾孙杨彪均官至太尉，史称"四世三公"，开创了弘农杨氏的辉煌时代。弘农杨氏一族在灵宝地区繁衍生息，并四处播迁，名人辈出，有"天下杨氏出弘农，弘农杨氏遍天下"之美誉。

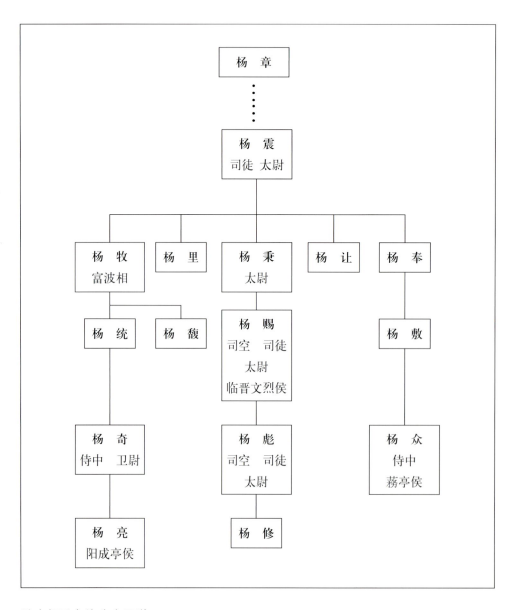

弘农杨氏家族分支图谱

　　打虎亭汉墓位于河南省新密市区西打虎亭村，是东汉时期弘农太守张德（字伯雅）与夫人的合葬墓，壁画再现了张德生前出行和宴饮宾客的场景。

打虎亭汉墓宴饮百戏图壁画（局部）

打虎亭汉墓车马出行图壁画（局部）

第二单元
梵音西来

两汉之际，佛教由印度传入中国，南北朝时得以弘扬，至唐代达到鼎盛。经长期传播发展，形成了具有中国民族特色的中国佛教。三门峡是佛教传播的重要地区之一，至今仍存有鸿庆寺石窟、宝轮寺、空相寺、安国寺等佛教遗迹。

鸿庆寺

鸿庆寺，原名三圣庙，位于义马市常村镇石佛村，背依白鹿山，南临涧河。石窟开凿于北魏时期，后有续凿。唐圣历元年武则天改名"鸿庆寺"，沿袭至今。原有洞窟6个，现存5个。洞窟坐西朝东，按南北横向排列。窟内有佛龛46个，大小佛像121尊，各种飞天12个，佛教传说故事浮雕4幅。石窟以其严整的布局、出色的雕刻艺术、规模宏大的浮雕画面，代表了北魏中晚期中原地区中小型石窟的艺术成就，是北魏中晚期佛教造像的重要遗存之一。2001年被国务院公布为全国重点文物保护单位。

鸿庆寺旧照

"降魔变"佛传故事浮雕,为国内同类题材作品中最大的一幅

"出城娱乐"佛传故事浮雕,所雕五角形城门楼为国内现存最早的实例

宝轮寺

宝轮寺位于三门峡市陕州故城东南隅。据现有文物资料推断，南北朝时期该寺已经存在。隋仁寿元年（601年），尼道秀奉隋文帝之命在寺内建木塔，供奉舍利子，后被毁。北宋仁宗天圣元年（1023年）重修木塔和寺院，靖康元年（1126年）毁于金兵。金大定十七年（1176年），塔被复建为四方锥形13级叠涩密檐式空心砖塔，全称"宝轮寺三圣舍利宝塔"。1934年宝轮寺被设置为陕县县立医院。宝轮寺塔是中国古代最早的四大回音建筑，2001年被确定为全国重点文物保护单位。

民国时期宝轮寺塔照片

原宝轮寺内北周造像

原宝轮寺内北周造像

隋《古宝轮禅院记》碑拓（出自《日本京都大学藏中国历代碑刻文字拓本》，新疆美术出版社，2016年）

据《隋代碑志百品》载：该碑"石纵56厘米，横79厘米。文四周刻有花边纹饰。石现在河南灵宝"。碑刻记载了隋仁寿元年隋文帝遣使者送舍利至陕州并建塔供奉之事。

原宝轮寺经幢

空相寺全景

空相寺

空相寺古称定林寺，位于陕州区西李村乡熊耳山下。据该寺所存南朝梁武帝撰写的《菩提达摩大师颂并序》碑文可知，该寺创建的年代最迟应在南北朝时期。公元536年，印度高僧、禅宗初祖达摩大师圆寂葬此，传说其携只履西归，此处留下只履空棺，故称"空相寺"。千百年来，这里成为中国乃至世界佛教禅宗信徒追忆达摩禅师的圣地之一。寺院鼎盛时规模宏大，香火极盛，曾与嵩山少林寺、洛阳白马寺、开封相国寺并称为中原"四大名寺"。

达摩塔

梁武帝撰《菩提达摩大师颂并序》碑

达摩石刻像拓片

安国寺

安国寺，俗称琉璃寺，位于陕州区西李村乡东南方向约6公里处的瑞云山下。寺院依山而建，以火墙为界分为前后两处院落。据该寺院正殿廊下承檐石柱上雕刻的《安国寺小序》载，寺院始建于隋，此后历代均有修葺。现存建筑多为明清时翻修改建。其砖雕、木雕制作精美，有较高的艺术价值，是三门峡地区为数不多保存较为完整的古建筑群之一。2013年被国务院公布为全国重点文物保护单位。

安国寺外貌

安国寺门楼与火墙砖雕

安国寺建筑琉璃顶

第三单元
陕州初置

北魏孝文帝太和十一年（487年），废郡置州，设陕州，治所在今三门峡市陕州故城，是为陕州之始。这一时期政权更替反复，多元文化相互影响和交融的现象尤为突出，发现的实物资料见证了这段历史的些许脉络。唐宋以降，多以陕州命名。

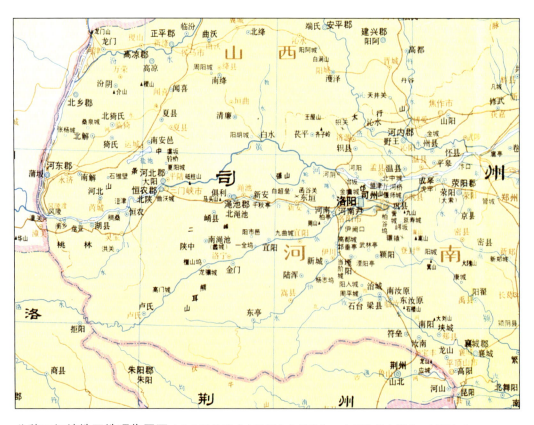

北魏三门峡地区地理位置图（出自谭其骧《中国历史地图集》，中国地图出版社，1996年）

灰陶执盾武士俑

西晋（265—316年）

三门峡义马市出土

通高33.5厘米、通长15厘米、通宽20厘米

盾牌长13.8厘米、盾牌宽6.6厘米

灰陶武士俑

西晋（265—316年）

三门峡义马市出土

通高36.5厘米、通长20厘米、

通宽8厘米

灰陶武士俑

西晋（265—316年）

三门峡市区出土

通高40.5厘米、通长20.5厘米、

通宽8厘米、足距17.5厘米

灰陶武士俑

西晋（265—316年）

三门峡渑池县出土

残高35.5厘米、通长20厘米、

通宽9.7厘米

灰陶女俑

西晋（265—316年）

三门峡市区出土

通高22.5厘米、通长11.9厘米、

通宽10.6厘米

灰陶女俑

西晋（265—316年）

三门峡市区出土

通高21.6厘米、通长10.4厘米、通宽9.4厘米

灰陶女俑

西晋（265—316年）

三门峡市区出土

通高19.5厘米、通长9厘米、通宽9.7厘米

灰陶镇墓兽（左上）

西晋（265—316年）

三门峡陕州区出土

通长29厘米、通宽14厘米、通高28厘米

灰陶镇墓兽（右）

西晋（265—316年）

三门峡渑池县出土

通长28.4厘米、通宽8厘米、通高15.6厘米

灰陶镇墓兽（左下）

西晋（265—316年）

三门峡市区出土

通长28.3厘米、通宽9.5厘米、通高21.7厘米

刘晦墓志

西魏大统十七年（551年）

1995年三门峡市甘棠市场工地M132出土

长48.5厘米、厚8厘米

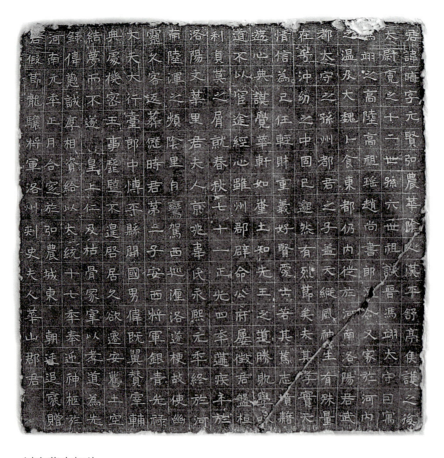

刘晦墓志拓片

第五部分
襟带两京——隋唐时期

A Link of the Two Capitals
—— the Sui and Tang Periods

第五部分

襟带两京

隋唐时期

"崤函称地险，襟带壮两京。"隋唐时期，今三门峡地区属陕州、虢州，也是丝绸之路的重要节点，受到历代统治者的重视，多派能员重臣治理，出现了政治稳定、社会繁荣的局面，人们的物质文化生活丰富多彩。熠熠生辉的盛世现宝，见证了多元而昌盛的文化。

A Link of the Two Capitals: the Sui and Tang Periods

"Strategically located and difficult to access, the Xiaohan Ancient Pass links the two capitals." The present-day area of Sanmenxia was under the administration of Shaan and Guo provinces in the Sui and Tang periods. As a key location along the Silk Road, the area received constant attention from dynastic rulers throughout history. Constantly under the administration of able officials, the area saw political stability and social prosperity. Locals enjoyed rich and varied material and cultural life. The area bore witness to flourishing days in history and diversified cultures within.

第二单元

隋唐镜像

"崤函称地险，襟带壮两京。"隋唐时期，今三门峡地区属陕州、虢州，也是丝绸之路的重要节点，受到历代统治者的重视，多派能员重臣治理，出现了政治稳定、社会繁荣的局面，人们的物质文化生活丰富多彩。熠熠生辉的盛世瑰宝，见证了多元而昌盛的文化。

"Strategically located and difficult to access, the Xiaohan Ancient Pass links the two capitals."The present-day area of Sanmenxia was under the administration of Shaan and Guo provinces in the Sui and Tang periods. As a key location along the Silk Road, the area received constant attention from dynastic rulers throughout history. Constantly under the administration of able officials, the area saw political stability and social prosperity. Locals enjoyed rich and varied material and cultural life. The area bore witness to flourishing days in history and diversified cultures within.

第一单元

两京锁钥

隋唐时期，三门峡作为两京"贡纳"、驿传之路的重要通道，政治和经济地位达到顶峰，从而带动了文化的发展。崤函古道上的行宫、驿站、烽燧、黄河漕运等遗迹，见证了三门峡当年的兴盛和繁荣。

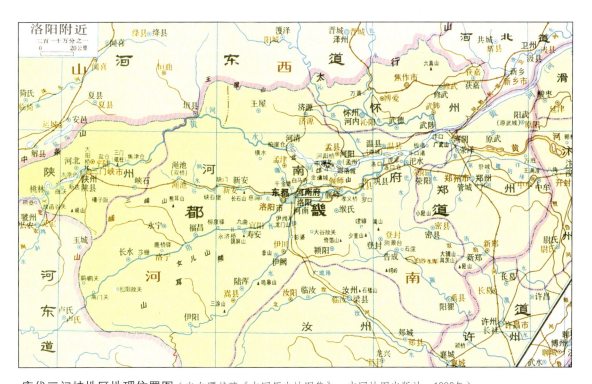

唐代三门峡地区地理位置图（出自谭其骧《中国历史地图集》，中国地图出版社，1996年）

驿站与行宫

隋唐两代定都长安，建洛阳为东都。两京之间，官吏、使臣、商贾和行旅来往络绎不绝。为加强两京的政治、经济、军事联系，沿途设置馆驿，并修建了专供帝王行幸驻跸的行宫别苑，形成了两京驿路。唐代，自长安至陕州共设驿站27个，自陕州东南至洛阳的崤山南路设置馆驿11个，而崤山北路的馆驿仅有3个。陕州境内有多座行宫，分为边防宫、避暑行宫、两京道行宫三类。大都修建于奇峰秀水之畔，掩映于苍松翠柳之中，规模宏大，气势恢弘，今已不存。

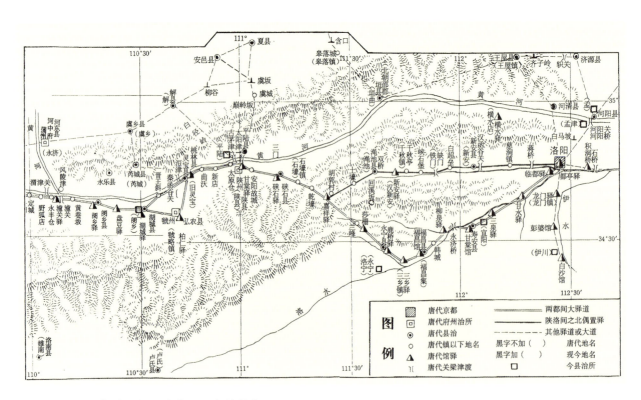

唐代长安洛阳古道驿程图（洛阳至潼关段）（出自严耕望《唐代交通图卷》第一卷）

唐兰峰宫遗址

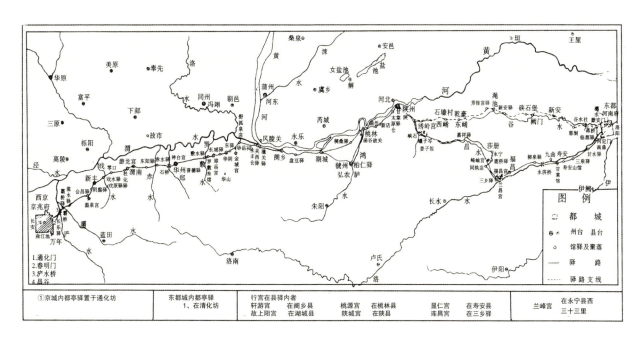

唐代两京驿路图（出自王文楚《唐代两京驿路考》，《历史研究》1983年第6期）

名称(别称)	地点
阌乡驿（阌乡逆旅）	县设驿，在今灵宝豫灵镇南源村一带
盘豆驿（盘豆馆）	阌乡县盘豆，在今灵宝市故县镇盘东、盘西二村所处原下，已为黄河淹没
湖城驿（湖城逆旅）	县设驿，在今灵宝市阳平镇阌西村东北约1.5公里黄河南岸，阳平河西岸王家岭北南寨子村
稠桑驿	在今灵宝市函谷关镇稠桑村
桃林驿	县设驿，在今灵宝老城，大王镇老城村西北黄河南岸
荆山馆	湖城、弘农间（一说在阳平镇张村）
柏仁驿（虢州公馆）	虢州弘农县驿，今灵宝市
红亭	今灵宝市西1公里西华村塬上
甘棠驿	县设驿，治所之南，今陕州故城内
硖石驿	今陕县菜园乡石门
嘉祥驿	陕州以南、三乡以北
芳桂宫驿	今渑池西五里黄花村
渑池南馆	今渑池县城内
新安驿	今渑池县搭泥街，一说在今新安县

隋唐崤函古道驿馆（陕州段）

名称(别称)	地点	置废年代
轩游宫(别院宫)	虢州阌乡县(今灵宝西豫灵镇一带)	隋—唐末
上阳宫	虢州湖城县(今灵宝东北阳平镇一带)	隋—唐末
桃源宫	陕州灵宝县(今灵宝大王镇后地村西南)	唐高祖武德元年—唐末
陕城宫(弘农宫)	陕州陕县(今陕县故城内)	隋—唐末
绣岭宫	陕州硖石县(今陕县菜园乡绣岭村)	唐高宗显庆三年—唐末
兰峰宫	河南府永宁县西三十里(疑位于今陕州区宫前乡宫前村北)	唐高宗显庆三年—唐末
紫桂宫(避暑宫、芳桂宫)	河南府渑池县(今渑池县黄花村)	唐高宗仪凤二年—弘道元年

隋唐崤函古道行宫（陕州境内）

（图表取自李久昌《崤函古道交通线路的形成与变迁》，《丝绸之路》2009年第6期）

轩游宫十五夜

唐·李隆基

行迈离秦国，巡方赴洛师。

路逢三五夜，春色暗中期。

关外长河转，宫中淑气迟。

歌钟对明月，不减旧游时。

绣岭宫

唐·陆龟蒙

绣岭花残翠倚空，碧窗瑶砌旧行宫。

闲乘小驷浓阴下，时举金鞭半袖风。

唐代漕运

　　三门峡是古代东西漕粮转输的必经通道。唐开元二十一年（733年），在黄河两岸置河阴仓、柏崖仓、集津仓、盐仓，并凿山十八里开启了陆运模式。开元二十九年（741年）冬，为了彻底解决三门峡运输的困难，在人门左岸的山岩间开凿了一条新河，即开元新河。安史之乱，三门峡的栈道被破坏，漕运停顿，战争结束后，栈道得到了恢复。天宝年间，达到了漕运史上的"鼎盛"时期。

黄河狮子口北岸古栈道侧景　　七里沟以东黄河南岸古栈道全景（由北向南）

（出自《三门峡漕运遗迹》，科学出版社，1959年）

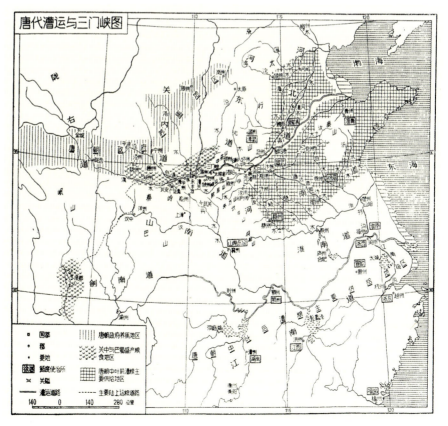

唐代漕运与三门峡图（史念海《三门峡与古代漕运》，《人文志》1960年第4期）

三门峡全景图（出自《三门峡漕运遗迹》，科学出版社，1959年）

1.梳妆台　2.张公石　3.砥柱石　4.开元新河　5.人门岛　6.人门　7.神门岛　8.神门　9.鬼门　10.鬼门岛

箭头所指台地为集津仓遗址（出自《三门峡漕运遗迹》，科学出版社，1959年）

集津仓　盐仓

　　集津仓位于黄河北岸三门以东的一处小台地上，三面环山，南面临水，地势比较低平。据黄河水库考古队调查报告可知，在集津仓周围发现了大量汉代瓦片等建筑遗存，推断唐代的集津仓是建在汉代和隋代旧址上。盐仓在集津仓西。

集津仓遗址出土的残瓦当拓片

水利设施——广济渠

　　广济渠又名金线渠。由于陕州城地势高亢，周边水源汲取困难。隋开皇六年（586年），隋文帝派邳国公苏威，在橐水（青龙涧）交口开出一条长达15公里的渠道，引水入城，解决了陕州城民众的供水和沿途农田灌溉问题，被老百姓誉为"利人渠"。隋末因战乱被毁。唐武德元年（618年），陕州刺史长孙操从交口筑坝修渠，进行大规模恢复扩建，将"利人渠"更名为"广济渠"。此后历代多有修浚和疏整，但渠道线路和规模基本未变。

广济渠图（出自清光绪版《陕州直隶州志》）

广济渠示意图

陕州东城墙广济渠水楼遗迹

民国时期的太阳渡

1959年的太阳渡

今天的太阳渡

黄河渡口——太阳渡

太阳渡位于陕州城西，是连接豫晋的古渡之一，与山西省平陆县隔河相望。相传汉代名将韩信曾在此以木罂渡河，袭安邑，俘魏王豹。公元637年，唐太宗东巡，遣武将邱行恭在陕州城西南3里处的黄河上营造一座浮桥，叫作太阳桥。北宋太平兴国八年（983年），桥因黄河水暴涨而被冲毁。不过太阳桥的称谓被延续至今，在此开设的渡口叫太阳渡，至今仍在使用。

赋得浮桥

唐·李世民

岸曲非千里，桥斜异七星。

暂低逢辇度，还高值浪惊。

水摇文鹢动，缆转锦花萦。

远近随轮影，轻重应人行。

陕州渡河

明·薛瑄

飞楫太阳渡，回头召伯祠。

水平风势缓，山晓日光移。

九曲来天汉，三门涌地维。

匆匆此按节，何以答明时。

第二单元
隋唐镜像

　　隋的统一，唐的繁荣，使三门峡地区的社会经济和物质文化得到了迅速发展。先进的生产工艺带来的是与之相适应的物质文化生活，瓷器的晶莹、三彩的绚丽、陶俑的多姿、砚瓦的无华、铜镜的精巧，无一不折射出盛世气象。

铜净瓶

隋代（581—618年）

三门峡市区出土

通高21.4厘米、口径5.8厘米、

底径7.1厘米、腹径11厘米

唐代镇墓兽与天王俑

镇墓兽是古代人们想象中的驱邪镇恶之神，往往将其表现为狰狞凶恶的形象，放入墓葬之中，起到保护死者灵魂和守护随葬品的作用。唐初继承了北魏以来的传统，镇墓兽多成对出现，一为人面兽身，一为狮面兽身。与成对的镇墓兽同出的，往往有身披铠甲、神态庄重的镇墓武士俑。

彩绘镇墓兽

唐代（618—907年）

三门峡市区出土

通高75厘米

天王俑是唐代葬仪的组成部分，起镇墓作用，用于辟邪和保护墓室安全，确保墓主亡灵平安。天王俑与镇墓兽对称置于墓道或墓室前面，镇墓兽在前，天王俑在后，文献中将它们合称为"四神"。

彩绘天王俑

唐代（618—907年）

三门峡市区出土

通高89.5厘米、通长32.7厘米、通宽19厘米

①　　　　　　　　　　　②

三彩胡人俑

唐代（618—907年）

三门峡市区出土

①　通高46厘米

②　通高48.8厘米

　　唐三彩是一种低温釉陶器，以白色黏土作胎，用含铜、铁、钴、锰等元素的矿物作釉料的着色剂，经过约800℃的温度烧制而成。釉色呈深绿、浅绿、翠绿、黄、蓝、白、赭、褐等多种色彩，称为"唐三彩"，其实是一种多彩陶器。

三彩执壶

唐代（618—907年）

三门峡市区出土

通高40厘米、腹径18.2厘米、

底径13.5厘米

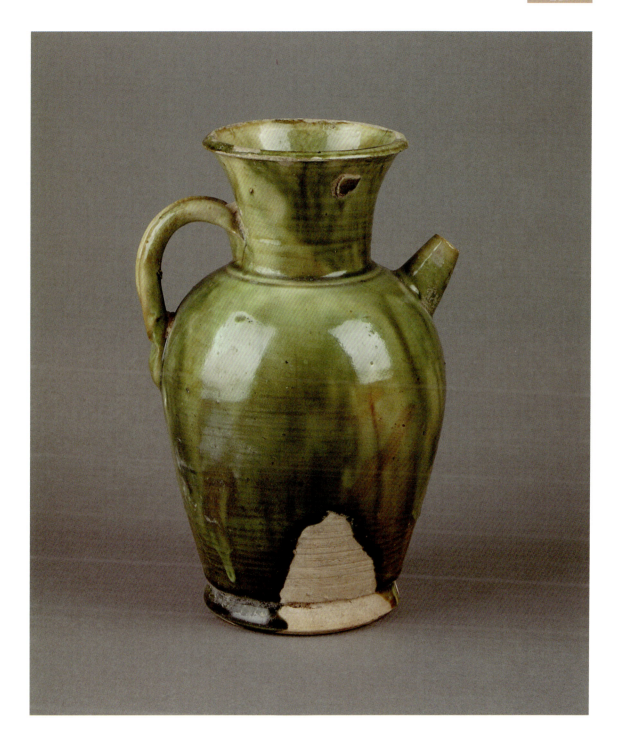

三彩注

唐代（618—907年）

三门峡市区出土

通高18.1厘米、口径7.9厘米、

底径7.6厘米、腹径11.3厘米

白釉瓷注

唐代（618—907年）

三门峡市区出土

通高14厘米、口径7.1厘米、底径7.6厘米、

腹径12.2厘米

巩县窑绞胎脉枕

唐代（618—907年）

三门峡市区出土

通高7.5厘米、通长15.4厘米、通宽10.5厘米

白釉瓷盒

唐代（618—907年）

三门峡市区出土

通高4.9厘米、口径6厘米、底径5.2厘米、

盖直径8.2厘米、盖高2.1厘米

白釉瓷兔镇

唐代（618—907年）

三门峡市区出土

通高6厘米、通长11.5厘米、

通宽5.9厘米

陶俑

唐代（618—907年）

三门峡市区出土

① 通高25.7厘米、底直径7.2厘米

② 通高29.6厘米、底直径8厘米

③ 通高24.6厘米、底直径6.1厘米

④ 通高22.8厘米、底直径6.2厘米

⑤ 通高22.3厘米、通长5.7厘米、通宽4.5厘米

⑥ 通高22.7厘米、通长5.1厘米、通宽4.4厘米

⑦ 通高22.6厘米、通长5.2厘米、通宽4厘米

⑧ 通高22.3厘米、通长5.3厘米、通宽4厘米

⑨ 通高22.4厘米、通长5.2厘米、通宽4.2厘米

⑩ 通高24.4厘米、底直径6.6厘米

①

②

③

④

① ② ③

陶俑

唐代（618—907年）

三门峡市区出土

① 通高34.5厘米、通长15.5厘米、通宽7厘米

② 通高21.5厘米、通长5厘米、通宽4.3厘米

③ 通高24.7厘米、座直径6.8厘米

④ 通高22厘米、通长5厘米、通宽4.1厘米

⑤ 通高16.4厘米、通长4.8厘米、通宽3.6厘米

⑥ 通高23厘米、通长5.4厘米、通宽4.4厘米

⑦ 通高22厘米、通长5.4厘米、通宽4.2厘米

⑧ 通高21.5厘米、通长4.5厘米、通宽4.4厘米

⑨ 通高22厘米、通长5.7厘米、通宽4.3厘米

⑩ 通高22厘米、通长5.2厘米、通宽4.4厘米

④

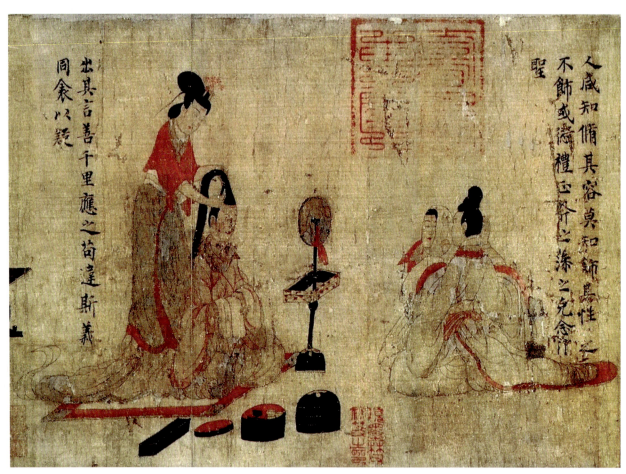

晋　顾恺之《女史箴图》（局部)

真子飞霜镜

唐代（618—907年）

三门峡市区出土

直径30.9厘米、厚0.8厘米

三乐镜

唐代（618—907年）

三门峡灵宝市出土

直径12.8厘米、厚0.5厘米

双鹊盘龙月宫镜

唐代（618—907年）

三门峡市区出土

直径15.4厘米

十二生肖八卦四神镜

唐代（618—907年）

三门峡市区出土

边长15.3厘米、厚0.5厘米

双鸾瑞兽花鸟镜（左）

唐代（618—907年）

三门峡市区出土

直径22.7厘米、厚0.7厘米

花鸟镜（右上）

唐代（618—907年）

三门峡市区出土

直径11.5厘米、厚0.7厘米

亚形万字镜（右下）

唐代（618—907年）

三门峡市区出土

直径14.4厘米、厚0.2厘米

缠枝莲花纹铜镜

唐代（618—907年）

三门峡市区出土

直径24.8厘米、边厚0.5厘米

"开元通宝"鎏金铜钱

唐代（618—907年）

三门峡市区甘棠路出土

直径2.4厘米、孔边长0.7厘米、厚0.22厘米

"乾封泉宝"鎏金铜钱

唐代（618—907年）

三门峡市区甘棠路出土

直径2.5厘米、孔边长0.7厘米、厚0.22厘米

第三单元
盛世毓秀

　　陕州作为地处两京之间的要邑，政治、经济地位特殊，人们也深受儒学浸染。随着孔庙之兴建，儒家文化的传播，使得陕州文教兴盛，文脉有序传承，涌现出姚崇、上官仪、上官婉儿等旷世良才，从而推动了当地文化的发展。

陕州文庙

陕州文庙（儒学、孔庙）由北魏恒农太守刘道斌始建。在陕州城东北角，后毁。唐开元四年（716年），由开国公陕州刺史姜师度重建，后废。金皇统八年（1148年）徙建今址（今三门峡市博物馆馆区），元朝末年毁于兵乱。明洪武三十年（1397年），知州闻人桂重建，其后地方官员多次修葺。清顺治、康熙、乾隆年间，又多次维修。今只剩尊经阁遗迹，其他建筑均不存。

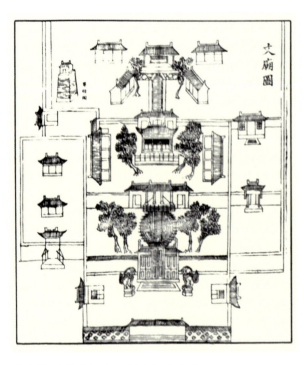

清光绪版《陕州直隶州志》文庙图

大唐陕州孔子庙之碑拓片

名人名士

张须陀（565—616年），隋名将，弘农阌乡（今河南灵宝）人，墓志铭称其为南阳西鄂人。仁寿四年（604年），张须陀随并州道行军总管杨素平定叛乱，因功加开府。后多次率军平定叛乱，威振东夏，被认为是隋朝柱石。公元616年，张须陀为瓦岗军所败，战死，时年五十二岁。

张须陀墓志拓片

张士贵（586—657年），唐代名将。本名忽峍，新旧《唐书》皆有传，祖籍盂县上文村。自幼学武，英勇善战，隋末聚众揭竿起义，后归顺李渊，屡立战功。先后任右光禄大夫、右屯卫大将军、左领军大将军等职，并被封为虢国公、勋国公。唐显庆初年病故，谥号襄，享年72岁，陪葬昭陵。

张士贵墓志拓片

姚懿（590—662年），字善意，隋末唐初陕州硖石（今三门峡市陕州区）人，祖籍吴兴郡武康（今浙江省湖州市德清县），是大唐贤相姚崇之父。历任骠骑都尉、水陆行军副总管、左卫亲府右郎将、忠武将军、晋州高阳府折冲都尉、常州长史、持节硖州诸军事硖州刺史、银青光禄大夫、持节任巂州都督等职。龙朔二年（662年）病逝。

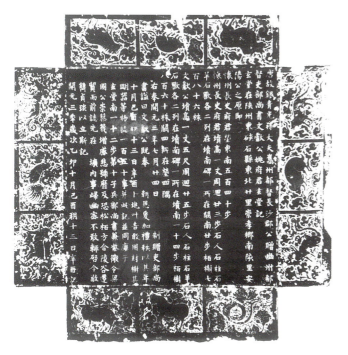

姚懿墓志拓片

姚懿碑拓片

上官仪（608—665年），字游韶，陕州陕县(今陕州区)人，唐朝宰相、诗人。贞观元年（627年），举为进士，历任弘文馆学士、秘书郎、起居郎、秘书少监、太子中舍人。龙朔二年（662年）拜相，死后追赠楚国公，肖像列入凌烟阁。

上官仪是初唐著名诗人，开创了"绮错婉媚"的上官体诗风，对律诗的后期发展颇有影响。其孙女上官婉儿也是唐朝著名女诗人。

入朝洛堤步月

唐·上官仪

脉脉广川流，驱马历长洲。

鹊飞山月曙，蝉噪野风秋。

王昭君

唐·上官仪

玉关春色晚，金河路几千。

琴悲桂条上，笛怨柳花前。

雾掩临妆月，风惊入鬓蝉。

缄书待还使，泪尽白云天。

姚崇（651—721年），字元之，陕州硖石（今陕州区）人，唐代著名政治家，历仕武则天、中宗、睿宗三朝，三次拜为宰相，并兼任兵部尚书。唐玄宗时被任命为兵部尚书、同平章事，进拜中书令，封梁国公。他提出"十事要说"，实行新政，辅佐唐玄宗开创开元盛世，被称为"救时宰相"。司马光在《资治通鉴》中称他为唐朝四大贤相之一，毛泽东赞誉他为"大政治家、唯物论者"。

姚崇书"藩篱"拓片（该碑现藏于三门峡市博物馆）

上官婉儿（664—710年），复姓上官，小字婉儿，又称上官昭容，陕州陕县（今三门峡市陕州区）人，唐代女诗人、政治家。祖父上官仪获罪被杀后随母郑氏配入内廷为婢。14岁因聪慧善文为武则天重用，掌管宫中制诰多年，有"巾帼宰相"之名。唐中宗时，封为昭容，以皇妃的身份掌管内廷与外朝的政令文告。《全唐诗》收其遗诗32首。710年，临淄王李隆基起兵发动政变，上官婉儿与韦后同时被杀。

上官婉儿墓志

第六部分
陕虢遗风——宋金元明清时期

Legacy of Shaan and Guo
—— the Song, Jin, Yuan, Ming and Qing
Periods

金元民风

民族的融合，商品经济的发展，使宋代物质和精神文化达到了新的高度。瓷器的烧造、宋三彩的兴起、杂剧的流行，成为宋元时期的新亮点。明清时期，三门峡地区出现了矿业开采和烟草种植等新兴行业，促进了当地经济的发展，社会世俗化趋势日益明显。

The Song Dynasty saw a record level of material and cultural development, thanks to ethnic fusion and thriving commodity economy. The Song and Yuan dynasties found new highlights in the society, such as porcelain manufacturing, tri-color porcelains of Song, and zaju drama. Mining and tobacco planting emerged in the Sanmenxia area during the Ming and Qing dynasties, boosting the local economy and the local society gradually turned secular.

第一单元

陕州梦华

两宋时期，物质文明和精神文明都达到了前所未有的高度，社会政治和经济结构的变迁，直接推动了文化的发展。戏曲艺术开始形成，瓷器生产工艺达到了顶峰，经济繁荣，名人辈出，这些都为陕州的社会发展提供了保障。

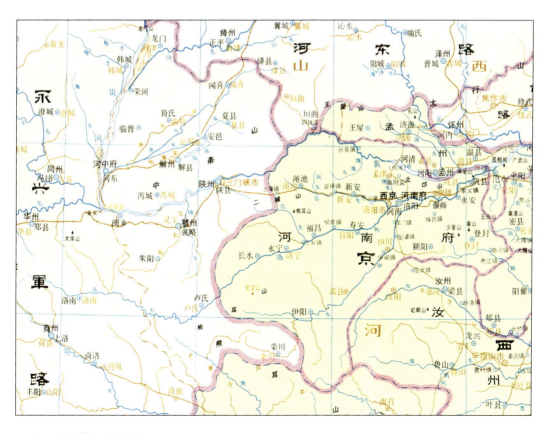

北宋三门峡地区地理位置图（出自谭其骧《中国历史地图集》，中国地图出版社，1996年）

珍珠地缠枝瓷梅瓶（左）

北宋（960—1127年）

三门峡市区出土

通高29.6厘米、口径6.2厘米、底径9.8厘米、

腹径19厘米

耀州窑双系剔花瓷注（右）

北宋（960—1127年）

三门峡卢氏县出土

通高15.8厘米、口径3.3厘米、底径10厘米、

腹径14.8厘米

青釉瓷香炉（上）

北宋（960—1127年）

三门峡市区出土

通高8.3厘米、口径9.8厘米、足距5厘米、

腹径10.3厘米

篦纹黑釉瓷罐（下）

北宋（960—1127年）

三门峡市区出土

通高11厘米、口径7.6厘米、底径6厘米

黄釉莲花口瓷行炉（上）

北宋（960—1127年）

三门峡市区出土

通高13厘米、口径14厘米、底
径5.8厘米

青釉瓷碗（下）

北宋（960—1127年）

三门峡市区出土

通高7.3厘米、口径14.5厘米、
底径5.1厘米

珍珠地花卉纹瓷枕

北宋（960—1127年）

三门峡市区出土

通长27.8厘米、通宽18.6厘米、通高11.3厘米

珍珠地花卉纹瓷枕

北宋（960—1127年）

三门峡市区出土

通长26.7厘米、通宽17.5厘米、通高10.4厘米

珍珠地花卉纹瓷枕

北宋（960—1127年）

三门峡市区出土

通长26.6厘米、通宽19.5厘米、通高13厘米

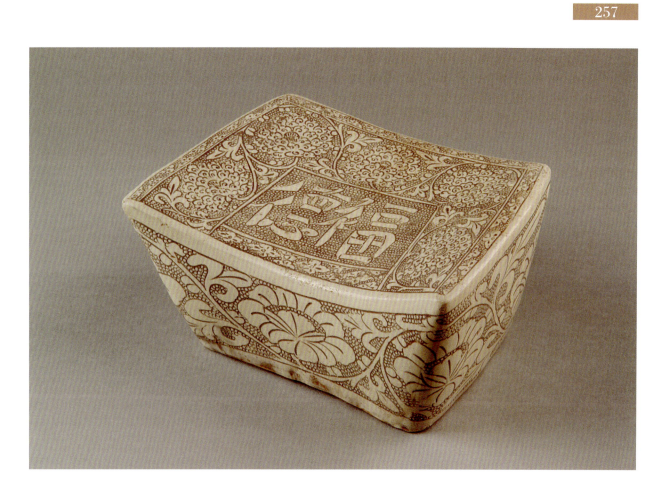

珍珠地"福德"瓷枕

北宋（960—1127年）

三门峡市区出土

通长22.8厘米、通宽15厘米、通高10厘米

漏泽园墓地

漏泽园是宋代设置的国家慈善机构，负责收葬生前无家可归或亡故无葬身之地者。1985年，考古工作者在三门峡市区甘棠路发现了宋末陕州漏泽园墓地，面积达8100平方米，墓葬849座。为崇宁四年（1105年）启用，至少使用了19年。对研究当时社会慈善机构设置，以及陕州行政区划、驻军、交通等有重要意义。

北宋　陕州漏泽园墓葬图

漏泽园砖墓志

北宋（960—1127年）

三门峡市区漏泽园墓地出土

通长27.5厘米、通宽27厘米、

厚3.8厘米

漏泽园砖墓志

北宋（960—1127年）

三门峡市区漏泽园墓地出土

通长27.3厘米、通宽27.4厘米、

厚4.1厘米

第二单元
金元民风

　　金元时期，经历了王朝更替的短暂动荡后，三门峡地区的社会经济又开始了新的发展。人们依靠自身的聪明才智，创造了不少工艺珍品，体现了实用性与观赏性的统一，技术与艺术的交融，成为人们日常生活中美的点缀。

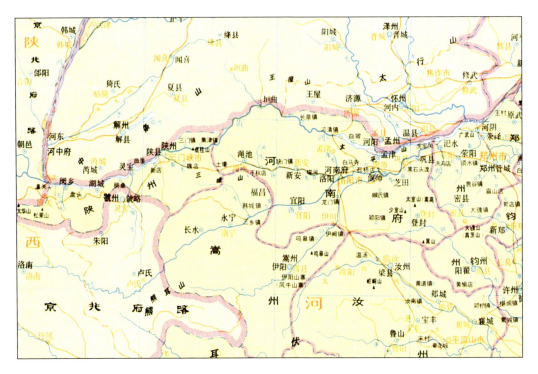

金代三门峡地区地理位置图（出自谭其骧《中国历史地图集》，中国地图出版社，1996年）

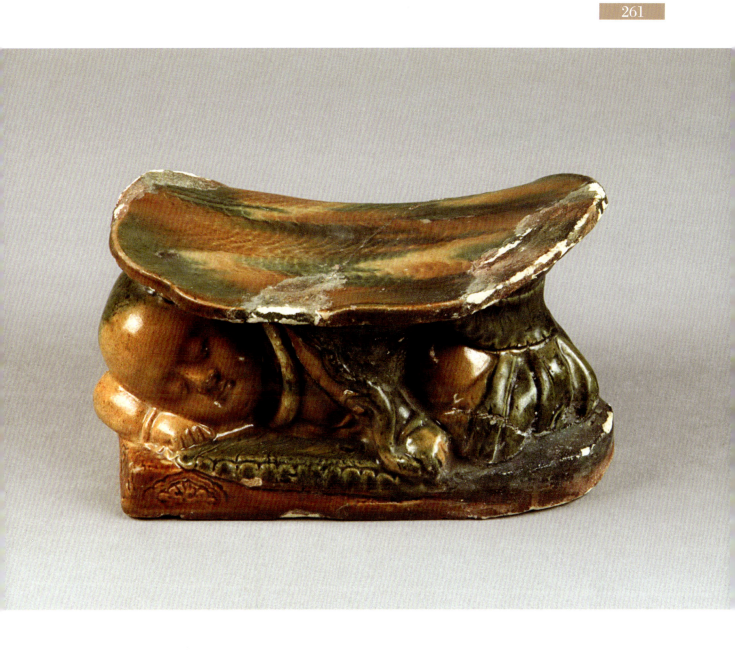

三彩孩儿枕

金（1115—1234年）

三门峡灵宝市出土

通长20厘米、通宽12.8厘米、通高11.3厘米

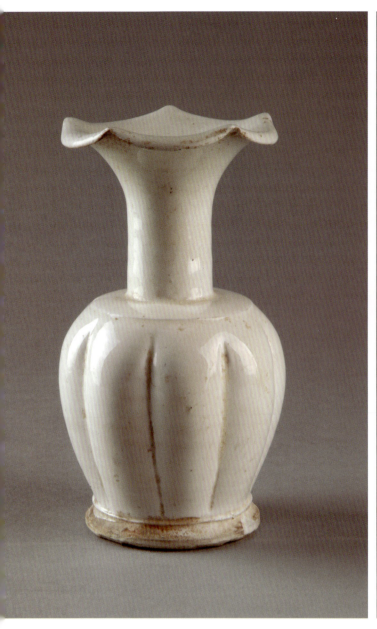

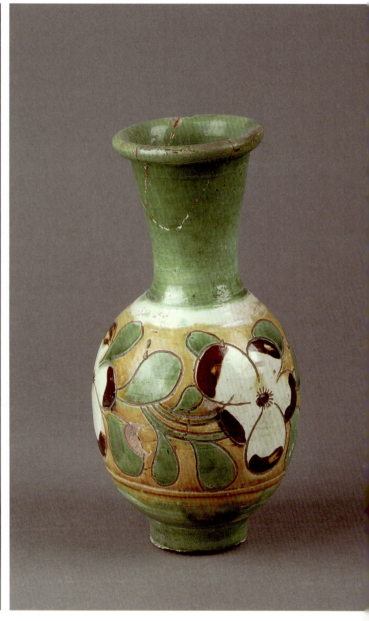

瓜棱形白釉瓷瓶（左）

金（1115—1234年）

三门峡市区出土

通高17.9厘米、口径9.4厘米、底径7.7厘米

三彩瓶（右）

金（1115—1234年）

三门峡市区出土

通高18厘米、口径6.5厘米、底径4.4厘米、

腹径9.3厘米

金元杂剧

　　宋金时期是我国戏曲艺术的形成阶段，杂剧是此时民间广为流传的戏曲形式，角色由末泥、引戏、副末、副净及装孤组成，演出分艳段、正杂剧、杂扮3部分。这些在三门峡金墓雕砖中得以充分再现。

金代杂剧人物砖雕

杂剧砖雕

金（1115—1234年）

三门峡义马市出土

① 通高29.3厘米、通长14.2厘米、厚6.5厘米

② 通高29厘米、通长14.6厘米、厚6.3厘米

③ 通高29.5厘米、通长14.6厘米、厚6厘米

④ 通高29.5厘米、通长14.8厘米、厚5.4厘米

③

④

① ②

墓主人砖雕

金（1115—1234年）

三门峡义马市出土

① 通高46厘米、通长23.5厘米、厚7.4厘米

② 通高46厘米、通长22.4厘米、厚6.2厘米

荷叶盖钧瓷罐

元（1206—1368年）

三门峡市区出土

通高25厘米、口径10.6厘米、底径8.8厘米、

腹径22.6厘米、盖高4.5厘米

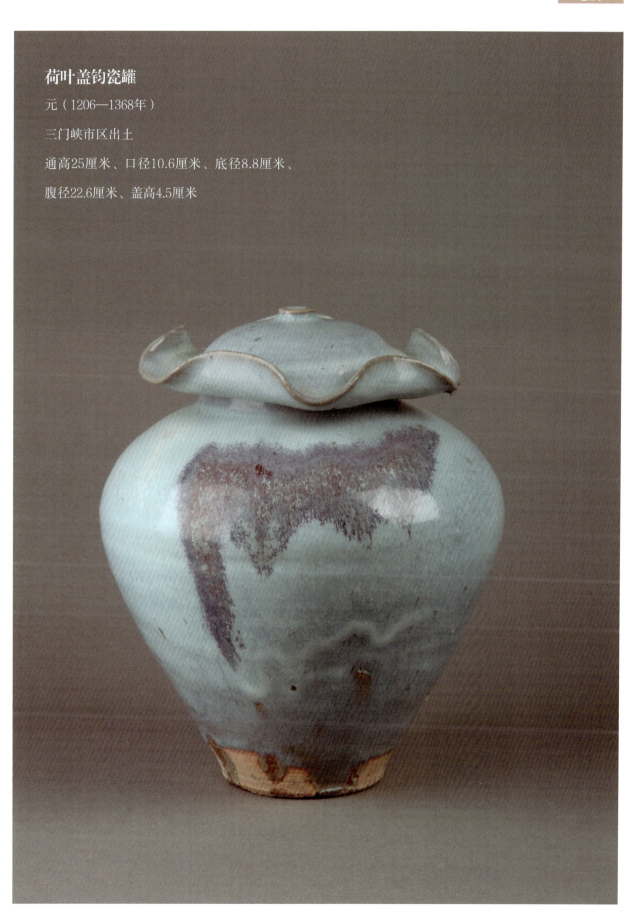

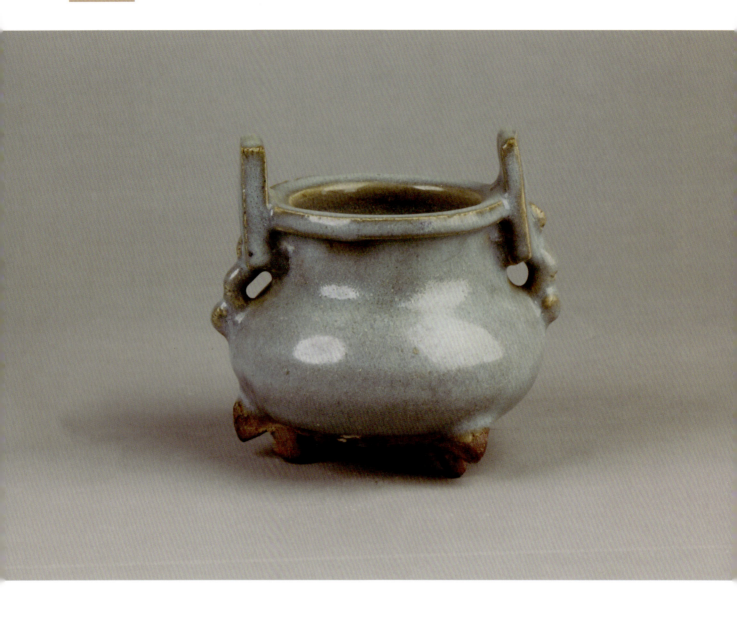

钧釉瓷香炉

元（1206—1368年）

三门峡市区出土

通高10厘米、通宽8.4厘米、口径7.6厘米、

足距6厘米、腹径10厘米

影青瓷执壶

元（1206—1368年）

三门峡市区出土

通高17厘米、口径5.9厘米、底径9.1厘米

钧釉瓷盘

元（1206—1368年）

三门峡市区出土

通高4.2厘米、口径16.3厘米、

底径5.2厘米

钧釉瓷盘

元（1206—1368年）

三门峡市区出土

通高4.4厘米、口径18.1厘米、底径7.7厘米

寄寄老人

寄寄老人为陈姓，杭州一带人，生活在金末元初，后流落到陕西关中和晋南地区，曾居住于长安，为制陶名匠，被称为"研师"或"甄陶师"。王恽《秋涧集》、段成己《二妙集》有其事迹记述。

元 陶器"寄寄老人"款拓片

"寄寄老人"款陶五供

元至元二十九年（1292年）

1996年渑池七〇七家属楼工地M13出土

牌位：通高41.7厘米、通长27.2厘米、通宽18.3厘米

香炉：通高16.8厘米、通长28.5厘米、通宽12.8厘米

方炉：通高11.4厘米、通长13.5厘米、通宽13.1厘米

钫：通高30.9厘米、通长13.9厘米、通宽13.9厘米

钫：通高31.5厘米、通长14厘米、通宽13.5厘米

第三单元

明清遗绪

　　明清时期，三门峡地区人文厚重，文脉绵延。陕州故城，迄今犹存。崇儒重教，人才辈出。灵宝许氏望族，鼎极一时，有"许半朝"之誉。许氏墓地铜俑、陕州故城窖藏金器等，见证了陕州辉煌的遗绪。

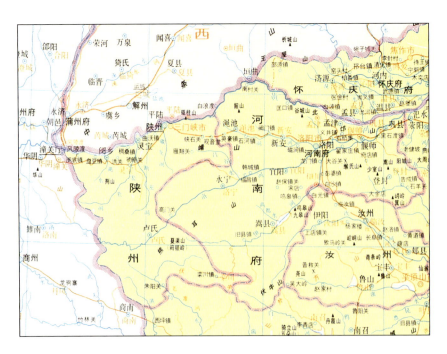

清代三门峡地区地理位置图（出自谭其骧《中国历史地图集》，中国地图出版社，1996年）

许氏家族

　　许进（1437—1510年），字季升，灵宝梁里村人，曾任山东副使。他善断疑案，人称神明。许进与其子诰、讚、论先后举进士，曾担任兵部、刑部、吏部、户部、礼部尚书，人称灵宝许天官。其子孙先后有7人中进士，9人中举，在各州府县居官者达数百人，为中原名门望族。

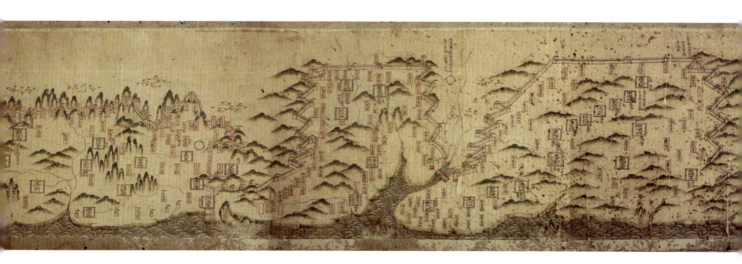

明　许论《九边图》（局部）　现藏于三门峡市博物馆

铜俑

明代（1368—1644年）

三门峡灵宝许氏家族墓地出土

这28尊铜俑，高度在24～38厘米之间，包括5件女乐俑、8件侍
奉俑、15件仪仗俑，姿态各异，栩栩如生。

铜俑

明代（1368—1644年）

三门峡灵宝许氏家族墓地出土

① 通高24.8厘米、座高3.5厘米、底座长8.8厘米、底座宽7.1厘米

② 通高26厘米、座高3.7厘米、底座长9厘米、底座宽7.2厘米

③ 通高25厘米、座高3.4厘米、底座长10.5厘米、底座宽7厘米

④ 通高25.2厘米、座高3.6厘米、底座长9.2厘米、底座宽6.8厘米

③   ④

金串饰（上）

明代（1368—1644年）

三门峡市陕州故城窖藏出土

两小串各18颗，共36颗，重54.6克

一大串65颗，重64.7克

金荷包（下）

明代（1368—1644年）

三门峡市陕州故城窖藏出土

通长4.1厘米、宽3厘米，重10克

金狮子

明代（1368—1644年）

三门峡市陕州故城窖藏出土

通高2.8厘米、底径2厘米，重14克

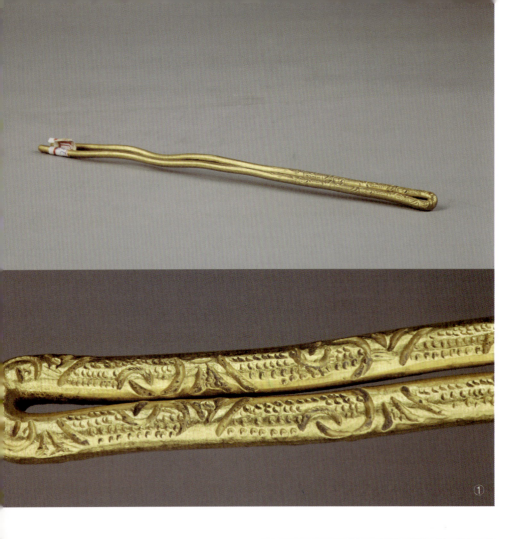

①

錾花金钗

明代（1368—1644年）

三门峡市陕州故城窖藏出土

① 通长21厘米，重72.8克

② 通长21厘米，重79.2克

②

金臂钏

明代（1368—1644年）

三门峡市陕州故城窖藏出土

① 通长16.5厘米、宽0.6厘米，重156.7克

② 通长13厘米、宽0.6厘米，重125.9克

青花瓷瓶

清代（1644—1911年）

征集

通高68厘米、口径18.6厘米、底径22.7厘米、

腹径36.4厘米

青花双龙纹瓷炉（左）

清代（1644—1911年）

征集

通高21.8厘米、口径25.4厘米、底径21.6厘米

青花双龙纹瓷炉（右）

民国

征集

通高19厘米、口径27.5厘米、底径22.4厘米

缠枝葡萄纹笔洗

清代（1644—1911年）

征集

通高14厘米、口径22厘米、底径17厘米

佛造像

约公元前二世纪，佛教沿丝绸之路传入新疆地区，然后经玉门关、河西走廊传到内地。东汉初期逐渐传播到中原地区，随着佛教文化的推进、发展和演变，形成了具有中国民族特色的佛教文化。东汉之后，三门峡地区寺院林立，出现了鸿庆寺、宝轮寺、空相寺、安国寺等佛教圣地。

随着佛教的发展，佛造像也逐渐兴起。明清佛教造像具有富丽精致的特点，题材众多，有佛、菩萨，也有财神、护法，派别上有藏传、汉传之别，也有显密之分。佛造像材质主要有石雕、木雕、金铜铸造，也有干漆夹纻等。

民国 陕州城清虚寺与玄应观

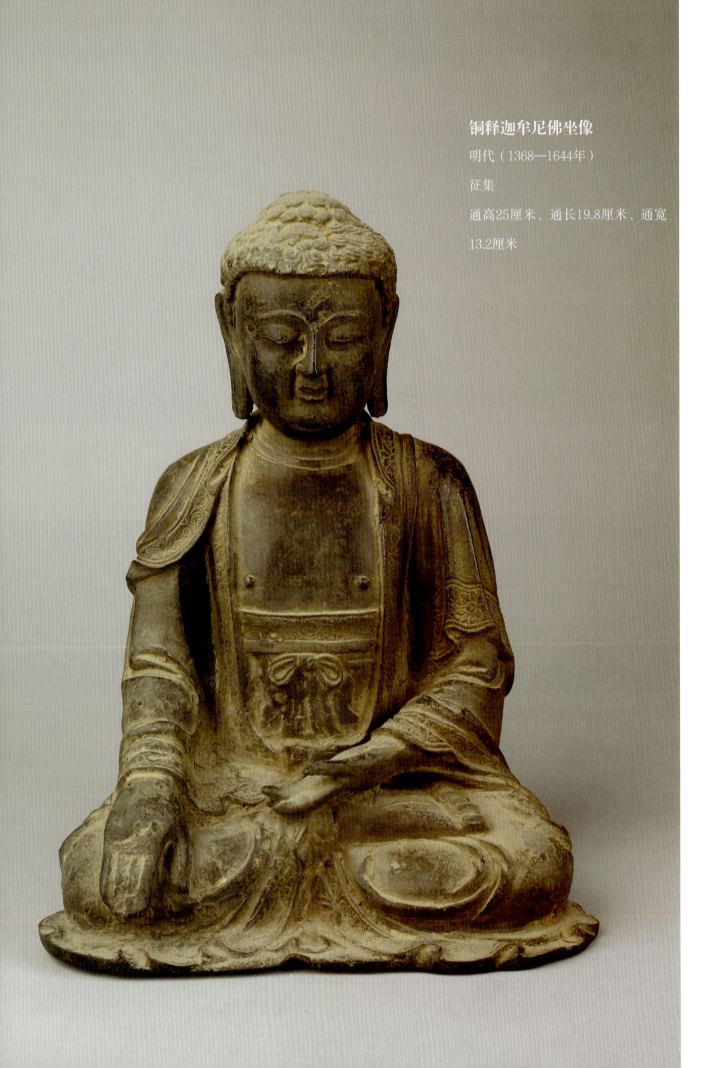

铜释迦牟尼佛坐像

明代（1368—1644年）

征集

通高25厘米、通长19.8厘米、通宽13.2厘米

铜释迦牟尼佛坐像

清代（1644—1911年）

征集

① 通高18.5厘米、通长13厘米、通宽9.2厘米

② 通高18.3厘米、通长12.8厘米、通宽8.7厘米

① ②

铜观音菩萨坐像

明代（1368—1644年）

征集

① 通高17厘米、通长9.7厘米、通宽6.9厘米

② 通高26.2厘米、通长15厘米、通宽10.7厘米

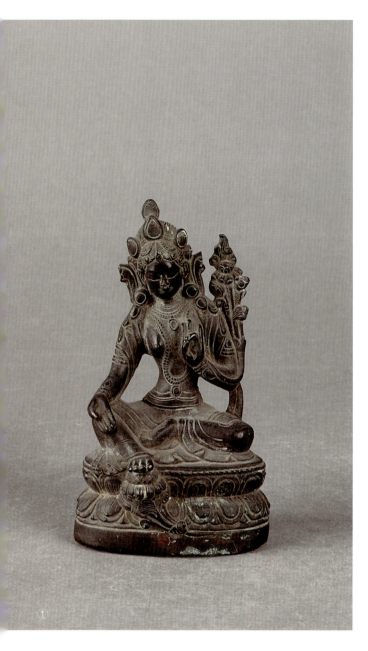

铜观音菩萨坐像

清代（1644—1911年）

征集

① 通高12.6厘米、通长7.4厘米、通宽4.8厘米

② 通高24.8厘米、通长14.4厘米、通宽9.8厘米

陕州故城

　　陕州城始建于西汉武帝元鼎四年（前113年），初为县治所在，后逐渐上升为郡、州治所，有"四面云山三面水，一城烟树半城田"之称，是东都洛阳和西京长安之间的政治、经济、文化中心，也是历代兵家必争之地，城池多次被毁，又多次修葺。现存城垣多为明清时期修筑，民国时，城池尚基本完整。今有宝轮寺塔、石牌楼、尊经阁、部分城墙等遗迹。

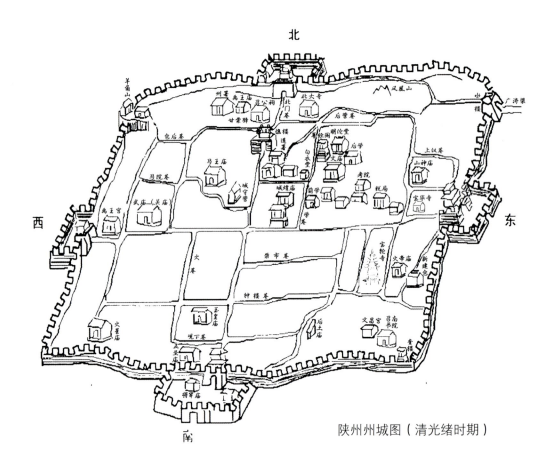

陕州州城图（清光绪时期）

途次陕州

唐玄宗

境出三秦外，途分二陕中。

山川入虞虢，风俗限西东。

树古棠阴在，耕余让畔空。

鸣笳从此去，行见洛阳宫。

陕州八景

陕州东据崤山关，连中原腹地，西接潼关、秦川，扼东西交通之要道，南承两湖，北对晋地，锁南北通商之咽，是崤函古道上的重要交通枢纽，是豫、陕、晋三省交界处的商贸重镇。历代文人墨客四方云集，于是有了饱含着深厚文化气息的"陕州八景"，分别为：崤陵风雨、洪岩秋霁、岘山烟霭、金沙落照、绣岭横云、草堂春晓、茅津夜渡、禹门积雪。下面是清光绪版《陕州直隶州志》中所绘陕州八景图。

陕州八景之崤陵风雨图

1. 崤陵风雨

崤函古道为历代中原与关中地区的咽喉通道，古道上山峦重叠，悬崖峭壁，壕深谷窄，地势险要，汉唐以前多为兵家必争之地。文王避雨台、崤之战、绣岭宫……历史的风雨与现实中的崤陵飞云缭绕、雾雨苍茫的景象交相辉映。

陕州八景之洪岩秋霁图

2. 洪岩秋霁

相传，禹开三门而形成三门峡谷。峡谷狂涛轰鸣，巨浪翻卷，水花飞溅，两岸悬崖陡壁，气势险峻。秋雨过后山崖苍萃，满山红叶艳若桃花，被称为"洪岩秋霁"。

3. 岘山烟霭

岘山位于三门峡陕州区南部。清晨，烟霭升起形成茫茫雾海，烟霭拥抱山巅，吞没峰峦。此时进山，相距数尺，只闻人语，难见人影，给人一种虚无飘渺、神秘莫测的感觉。

陕州八景之岘山烟霭图

4. 金沙落照

在陕州古城北的黄河岸边有"万锦滩"。夕阳西下时，霞光映照在黄河水面上，泛出万道金光，河滩上的金沙在阳光照射下，像无数颗星星在闪烁，整个滩岸被镀上一层灿然夺目的光辉，被誉为"金沙落照"。

陕州八景之金沙落照图

5. 绣岭横云

绣岭宫位于三门峡陕州区菜园乡石门村南的绣岭坡，是唐代中期皇帝东巡的行宫之一。绣岭宫居高临下，依山傍水，草木苍翠，环境幽邃。远望宫室殿堂，巍巍华丽，雕梁画栋，横云逞空，萦萦缭绕，如天宫仙境降人间。

陕州八景之绣岭横云图

陕州八景之草堂春晓图

6. 草堂春晓

魏野草堂是北宋著名隐士魏野居住过的地方，在今三门峡湖滨区上官村。魏野一生乐耕勤种，喜吟咏诗篇，依土崖凿洞，名曰"乐天洞"。洞前盖有草房，名曰"草堂"。他在耕作之余，植竹栽树，种草养花，在春光明媚的季节，桃杏满院，鸟语花香。

陕州八景之茅津夜渡图

7. 茅津夜渡

茅津渡，又叫"陕津渡""会兴渡"，自古以来就是豫西、晋南物资交流的水上通道和兵家必争之地。夜幕下，船夫驾着小舟，顺带着激越的号子，在波涛汹涌的黄河上颠簸，惊险刺激，摄人心魄。点点渔火忽明忽暗，摇曳闪动，构成了一幅催人奋进、富有诗意的图画。

陕州八景之禹门积雪图

8. 禹门积雪

相传大禹治水，用神斧将高山劈成"人门""神门""鬼门"三道峡谷，使黄河水得以畅流，禹门即是指此。隆冬季节，站在禹门眺望，一望无际，蔚为壮观。"禹门积雪"由此而得名。

茶人茶事

Tea Stories

中国的茶文化源远流长，西汉时已有饮茶的文献记载。两汉魏晋南北朝时期，茶以文化面貌出现。唐陆羽的《茶经》把茶的自然和人文之双重属性，以及儒、道、佛三教融入其中，开启了中国茶道之风。宋代茶文化发展到顶峰，民间斗茶风起，进一步丰富了茶文化的内涵。三门峡地区唐宋墓葬出土的瓷碾、瓷注、瓷盏、瓷渣斗等茶具是古人饮茶之风盛行的重要例证。

China boasts a time-honored tea culture. Written records on tea-drinking were first seen as early as in the Western Han Dynasty. Tea entered into the sphere of culture in the Han, Wei, Jin and Southern and Northern periods. Lu Yu of the Tang Dynasty, in his monumental book Cha Jing (The Classic of Tea), fully elaborated on tea's natural properties and cultural significance and integrated into it Confucian, Taoist and Buddhist ideas. Lu was thought to be the founder of Chinese Teaism. Tea culture in China reached the pinnacle in the Song Dynasty, when tea competition gained popularity even among commoners. Tea culture was thus further enriched. Tea utensils such as porcelain crushing roller, water dropper, cup and cinder box unearthed from the Tang and Song tombs in the Sanmenxia area have been solid evidence to thepopularity of tea-drinking in ancient China.

唐人《文会图》（局部）

（图片源自台北故宫博物院官网）

南宋 刘松年《撵茶图》（图片源自台北故宫博物院官网）

白釉瓷碾（上）

唐代（618—907年）

三门峡市区出土

碾长20.7厘米、碾宽3.9厘米、碾高3.2厘
米、碾轮直径8厘米、中孔1.6厘米

三彩炉（下）

唐代（618—907年）

三门峡市区出土

通高7.3厘米、口径7厘米、底径4.2厘米

绿釉陶执壶

金（1115—1234年）

三门峡市区出土

通高18.3厘米、口径5.9厘米、底径7.9厘米

白釉瓷执壶

北宋（960—1127年）

三门峡市区出土

通高19.8厘米、口径7.6厘米、底径7.6厘米

白瓷多斗

唐代（618—907年）

三门峡市区出土

通高11.1厘米、口径15.4厘米、底径6.9厘米

瓷擂钵（上）

金（1115—1234年）

三门峡市区出土

通高8.2厘米、口径17.2厘米、底径7厘米

双耳白釉瓷鍑（下）

唐代（618—907年）

三门峡市区出土

通高6.3厘米、口径9厘米、底径6厘米

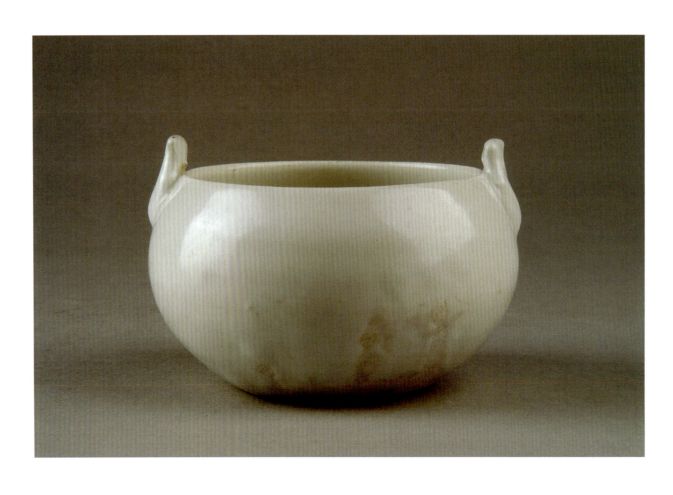

兔毫盏

北宋（960—1127年）

三门峡市区出土

通高6.4厘米、口径13.1厘米、底径4.2厘米

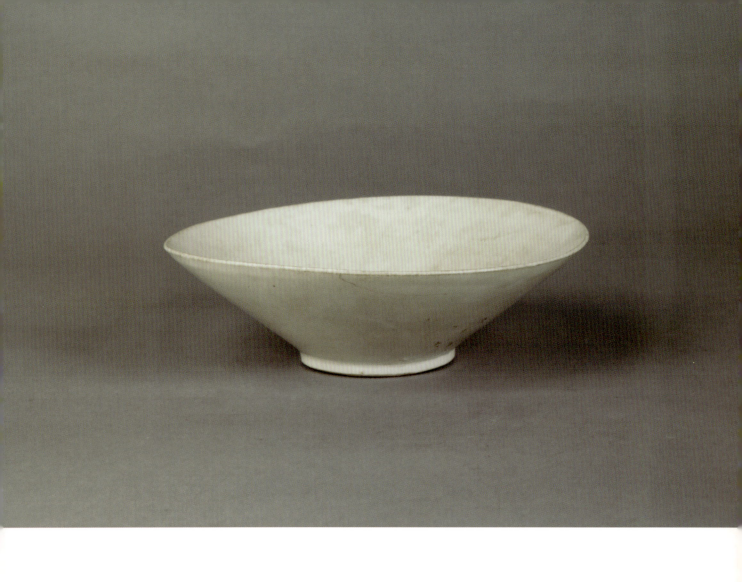

白釉瓷盏

唐代（618—907年）

三门峡市区出土

通高5厘米、口径15.6厘米、底径5.7厘米

弘农陶泓

Porcelain Ink-slab Made in Hongnong

砚为中国传统文房用具，其源头可追溯到距今约7000年前的陕西姜寨新石器时代遗址。湖北云梦睡虎地秦墓发现用鹅卵石打磨制成的战国墨砚。两汉时砚日臻成熟，唐宋步入鼎盛期。

三门峡在中国砚文化发展史上有着举足轻重的地位，虢州澄泥砚、虢州石砚，唐宋时皆为贡砚，典籍多有记载，至今仍在传承和发展。展出的这些砚，可以以小见大，窥视虢州砚的精湛技艺。

Ink slabs as a traditional Chinese stationery piece dated back to the Jiangzhai Neolithic Site in Shaanxi Province about 7,000 years ago. Pebble-polished ink slabs of the Warring States Period were discovered in the Shuihudi Qin tomb, Yunmeng County, Hubei Province. The craftsmanship of ink slabs got matured in the Han Dynasty and the manufacturing reached the heyday in the Tang and Song dynasties.

Sanmenxia occupies a critical position in history of ink slabs. Clay and stone ink slabs made in Guo Province were articles of tribute during the Tang and Song dynasties, according to ancient books and records. The craftsmanship has been inherited and developed to date. The ink slabs on display well demonstrate the superb craftsmanship.

河北望都东汉墓壁画中的用砚场景

盘龙石砚

东汉（25—220年）

三门峡市区三里桥

通高11.5厘米、砚直径14.2厘米、盖高8厘米

杨子华《北齐校书图》　现藏美国波士顿美术馆

宋　李公麟《西园雅集图卷》

虢州紫石砚

唐代（618—907年）

三门峡市区出土

通长15.9厘米、通宽12.1厘米、通高2.7厘米、盖高0.4厘米

澄泥龟砚

唐代（618—907年）

三门峡市区出土

通长10.5厘米、通宽7.5厘米、通高4.6厘米、盖高2.3厘米

①

②

澄泥砚

唐代（618—907年）

三门峡市区出土

① 通长15厘米、通宽11.6厘米、
通高3.3厘米

② 通长15厘米、通宽11.3厘米、
通高4.1厘米

③ 通长17厘米、通宽10.7厘米、
通高4.6厘米、足距5.7厘米

③

北宋"虢州裴弟三箩土澄泥造"款
澄泥砚拓片

澄泥砚

北宋（960—1127年）

通长16.8厘米、残宽9厘米、通高2.8厘米

清仿宋濂款端砚

清代（1644—1911年）

三门峡市区出土

通长24.5厘米、通宽16.8厘米、通高4.1厘米

陕州王玉瑞造澄泥砚

民国

三门峡市陕州区人马寨征集

通长8.2厘米、通宽6.6厘米、通高2厘米

陕州王玉堂造澄泥砚

民国

三门峡市陕州区人马寨征集

直径20厘米、高2.5厘米

双鱼纹"富贵昌宜侯人""陕州工艺局澄泥

砚王玉堂造"款澄泥砚拓片

结 束 语

　　徜徉至此，您走过了三门峡的历史时光隧道，感受了史前文明的曙光，聆听了崤函古道曾经的沧桑往事，触摸了丝路花语汇聚的文化魅力！函关要塞诉说了几多辛酸，故都旧事演绎了多少刻骨铭心的故事！迎着秦汉朝晖，走近隋唐丽日，信步明清晚霞。崤函古韵折射出的无尽光芒，让我们倍感欣慰！我们为先民的伟大创造而自豪！继往开来，任重而道远。不忘初心，牢记使命。挖掘历史文化，传承历史文化，弘扬历史文化，是我们永远的责任和使命。

Epilog

The exhibition has taken us on a tour to the past of Sanmenxia, during which we have come face-to-face with the dawn of the prehistoric civilization, acquainted us with the vicissitudes along the Xiaohan Ancient Path, and admired the cultural charm of the Silk Road. We have been told the sad stories of the Hangu Pass and the fascinating history of the ancient city. Sanmenxia evidences a long history from Qin and Han, through Sui and Tang, to Ming and Qing. Today, we are still marveled at the magnificent Xiaohan Ancient Path and are proud of the brilliant legacy our ancestors left. Building on what our predecessors achieved, we will forge into the future, remain true to our original aspiration and keep our mission firmly in mind. It is our unswerving responsibility and mission to explore, inherit and carry forward our tradition and culture.

后　记

　　"崤函古韵——三门峡古代文明展"是三门峡市博物馆的基本陈列,展览以馆藏各个时期具有一定代表性的文物为基础,结合历史文献资料、考古实物资料、三门峡历史人物和历史典故等,较为全面系统地展现了三门峡的历史文明。此次陈展提升改造项目由三门峡市博物馆策展团队打造,于2016年初启动,历经两年时间,其间对陈展大纲、形式设计、施工方案及展品遴选等都进行了多次调整、修改和完善。2018年3月初开始施工,历时近三个月,于2018年5月下旬竣工并正式对外开放。从项目策划、方案制定、大纲通审、展览形式设计与制作到现场施工,以及展览展示、辅助观众服务策划等工作,都凝聚了参与人员的心血和汗水。具体分工如下:

　　展览统筹:李书谦　田双印　马　啸　张帅峰　李　敏

　　内容设计:马　啸　郭　婷　贾　鹏

　　形式设计:马　啸　郭　婷　李　敏　张　翼

　　资料整理:贾　鹏　狄欣怡　张　峰　种　坤

　　展品管理:贾　鹏　刘　恒　狄欣怡

　　宣传推广:贾　丽　李幸蔚

　　展览协助:周　曼　白小辉　李海鱼　葛庆贤　杜　瑶

　　　　　　　康　宁　杜占义　金　勇

　　本书以"崤函古韵——三门峡古代文明展"展览大纲为基础,保留展览结构,精选典型器物,力图展现展览精髓,向读者呈现展览内容。副馆长马啸负责内容和照片审定,狄欣怡负责整理书稿,郭婷、白小辉负责校稿,照片由张峰、狄欣怡、刘恒拍摄。

　　在此书付梓之际，感谢三门峡市文化广电和旅游局毋慧芳局长、王保仁副局长和许艳副局长对编写工作的倾情关怀和鼎力支持。感谢河南博物院张得水副院长给予的大力支持。感谢原三门峡市文化广电新闻出版局梅良川局长、宁会振副局长，原市文物管理办公室史智民主任和三门峡市虢国博物馆研究馆员刘社刚在展览提升过程中给予的指导和帮助。并向所有在该提升改造项目中付出努力的同志表示诚挚的感谢！

编　者

二〇二一年八月